巴马长寿养生文化丛书

世界长寿之乡——巴马

长寿养生游

精华版

李善源　冯文东　江　山　杨桂英　著

中医古籍出版社

图书在版编目（CIP）数据

世界长寿之乡巴马长寿养生游：精华版/李善源等著．－北京：中医古籍出版社，2012.2

（巴马长寿养生文化丛书/江山等主编）

ISBN 978－7－5152－0126－9

Ⅰ.①世… Ⅱ.①李… Ⅲ.①旅游指南－巴马瑶族自治县 Ⅳ.①K928.974.4

中国版本图书馆CIP数据核字（2011）第275383号

长寿养生游

李善源　冯文东　江　山　杨桂英　著

责任编辑　贾萧荣
封面设计　映象视觉
出版发行　中医古籍出版社
社　　址　北京东直门内南小街16号（100700）
印　　刷　三河市华东印刷厂
开　　本　880mm×1230mm　1/32
印　　张　8
字　　数　131千字
版　　次　2012年2月第1版　2012年2月第1次印刷
印　　数　0001～3500册
书　　号　ISBN 978－7－5152－0126－9
定　　价　16.00元

著者简介

冯文东，1968 年 5 月生，中国书法家协会会员、广西作家协会会员。现任《广西画报》副总编辑。近年出版有长篇人物传记《流金岁月》《苍山如海》两部，文学、书法和新闻作品入编多种作品集。

江山，大学本科毕业于中国协和医科大学临床医学专业。副研究员，长期从事科研管理、人才资源的开发与管理、科普创作等，资深项目策划、咨询顾问专家。多项卫生部科学技术进步奖等获奖课题组成员。在国家级学术核心期刊上发表论著、论文等 70 多篇，多篇获优秀论文奖；1 篇 20 万字的论著 2002 年荣获第四届中国素质教育理论与实践大型征文活动特等奖。中华预防医学会会员、中国科普作家协会会员、北京科学技术普及创作协会会员及第五届理事兼副秘书长。积极活跃在科普领域，长期致力于将“四科”即科学思维方式、科学理念、科学人文精神、科学技术知识等，广泛传播至大众，倡导自然医学绿色无创方法防治疾病。已出版《现代生活与生物安全》《历练你的生命智慧》《保健时刻》《常见病按摩手法速成》《心脑血管病不花钱保健小妙招》《漫画享寿语丝》《图说逃生三字经》等书。

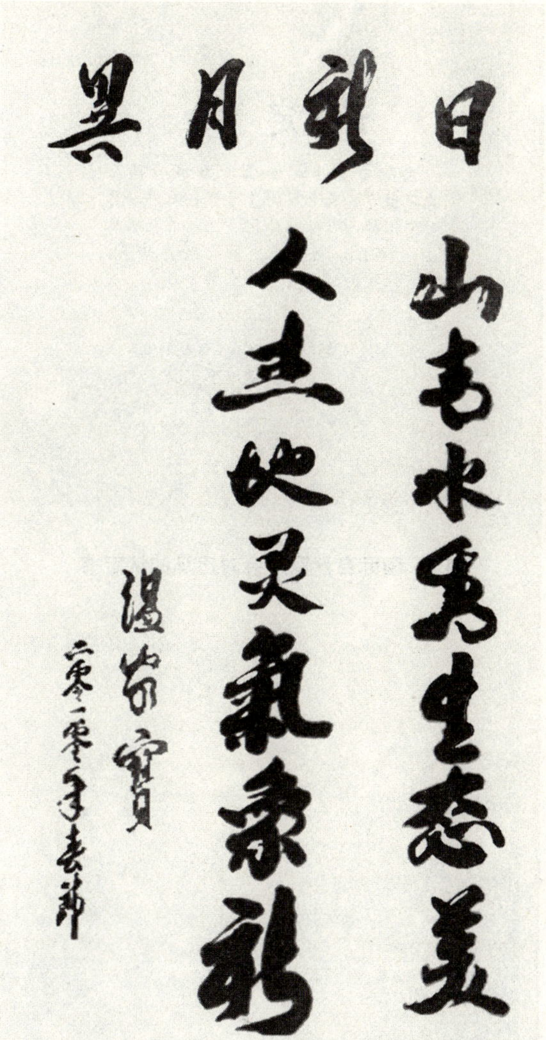

图 1　2010 年春节，国家总理温家宝莅临巴马，为巴马人民题词的墨宝。

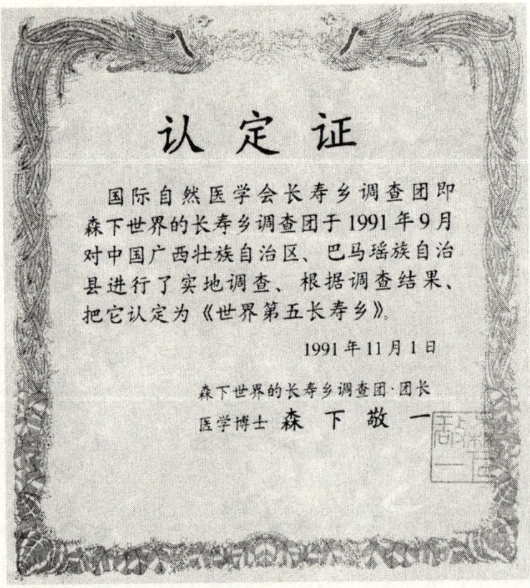

认 定 证

国际自然医学会长寿乡调查团即森下世界的长寿乡调查团于1991年9月对中国广西壮族自治区、巴马瑶族自治县进行了实地调查、根据调查结果、把它认定为《世界第五长寿乡》。

1991年11月1日

森下世界的长寿乡调查团·团长

医学博士 森 下 敬 一

图2　国际自然医学会对巴马的认定书

图3　世界5大长寿乡分布图（国际自然医学会提供）

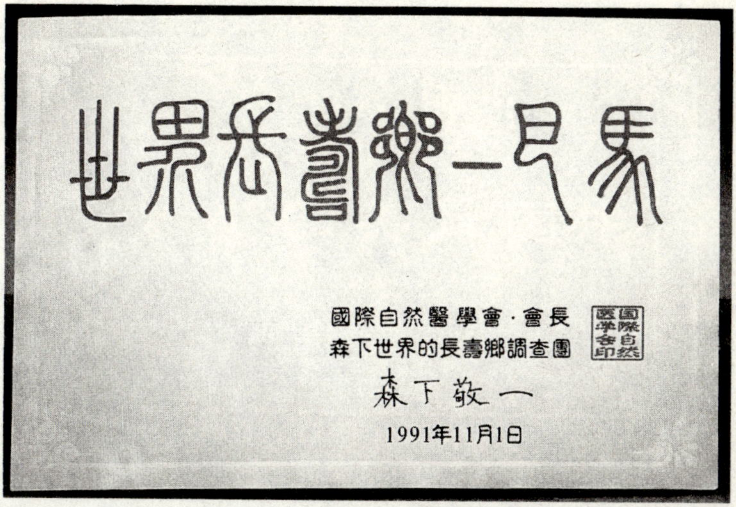

图4　世界长寿乡——巴马

图5　中国长寿之乡

图6　中国最美的小城

图7　广西优秀旅游县（市）

图 8　中国王牌旅游目的地

中国王牌旅游景区
TRUMP CARD OF CHINA TOURISM ATTRACTIONS
鉴于广西巴马长寿地质公园良好的旅游形象及其卓越影响力，现授予“中国王牌旅游景区”荣誉。
特此鉴证。
Based on good tourism image and excellent influence of Guangxi Bama longevity geoparks ,we hereby award it honor of Trump Card of China Tourism Attractions.
SEAL
2007
ITA
Elites Bobo Summit，2009

图9　中国王牌旅游景区

前　言

人生在世，谁都欲长寿并健康，然而长寿并健康者毕竟只是少数，因此而困惑者不乏其人。长寿并健康是一个极为复杂的工程，它需要科学的技术和方法，编著一本科学合理、简便实用、并且能让人们快速了解巴马长寿养生文化概貌的读物就很有必要，对国家、社会、个人都有益；旨在将“四科”即科学思维方式、科学理念、科学人文精神、科学技术知识等广泛传播至大众，倡导自然医学绿色无创方法防治疾病；总结“三生”即指生命、生存、生活的智慧及经验，探索人类生存方法、积累养生保健经验、延缓衰老、延长生命，突破岁月禁区等方面，提供有益的帮助。

巴马长寿养生科学研究院，立足巴马，以巴马的长寿现象为研究依据，以对长寿养生科学的探索和对长寿养生产品的研发为主要研究方向，旨在推动中国健康产业的发展，为人类的长寿养生做出贡献。本书内容是巴马长寿养生科学研究院专家组成员，几十年来潜心长寿文化的挖掘、整理、展示及研究工作的，巴马长寿养生文化非物质文化遗产的研究成果，也是精心打造的一套巴马长寿养生文化丛书中的一部分，是将一种文化的符号，注入到巴马长寿现象的内涵之中，解读并展示了巴马，作为一方秘境的现实和风采。

此书适用于研究长寿文化人员、长寿现象探索者、长寿休闲养生的旅游者、初中及以上文化层次的广大读者。

世界长寿之乡，养生游者天堂。人间仙境何处有，增福添寿巴马游。本书以轻松、愉快的阅读方式，配有大量的实地实景图片，内容涉及认知巴马、品读巴马、破译巴马、感受巴马等，书末附有每个月享寿、食尚、神养、行养、形养、病养、备药、特日等通用要点，以及逃生秘诀三字经等内容以供参考。特点为将长寿文化、民俗旅游文化、抗衰老医学、现代科学读物，有机地结合在一起，满足读者多方位、多层次的阅读需求。

特别需要说明的是，健康长寿是多因素综合作用的结果，著者只是客观的记录下巴马人瑞的生活空间和生活方式方法，是寿星们的生活再现，并未加入任何个人观点和意向；在此基础上，加以科学的分析，如自然环境内容中的水土、气候等的分析数据，全都以科学考证为依据，不加任何评说。也正因为巴马的长寿现象是自古有之，所以书中一些内容，带有旧时传统观念色彩，但那都是客观的过程，并非著者的主观臆造，权当仁者见仁，智者见智了。

书中感受巴马一章中，介绍的多个实例，不好以偏概全，但有一点值得正视，这些外地人，进入巴马小住后，身体健康状况好转，并非借助药物治疗，而只是自然的静养调节，到底是何种因素在起作用？有待多学科的科学家们联合，做深层次的探索与研究，绝对有说服力的谜底，依然未被揭示。

本书数据资料截止于2011年7月1日。

丛书封面及书中图片由黄大优、唐照凡、李少华、蓝振林、梁绍恩、黄渊、韦家宝、何福高、王正登、李佚、梁高、梁兆得、王靖、江山、巴马网、巴马佳讯网等摄影或提供，部分食材由巴马大酒店提供，在此一并致谢！

温馨提示：百岁寿星、长寿老人是人类共有的长寿财富资源，请不要干扰他们宁静安逸的日常生活，不要将你们的爱，变成百岁老人的负担。

著者于巴马

目　录

一　认知巴马

历史沿革——巴马来龙去脉

巴马瑶族自治县原名万冈县，民国二十四年（1935年）元月建制，驻地在定马乡巴马村，即今巴马镇。

巴马地域，据史料记载，秦统一前，境地属古百越地。

秦始皇三十三年（公元前214年），秦出兵统一岭南地区，巴马境地属桂林郡。汉初，隶属南越国。

元鼎六年（公元前111年），汉武帝平定南越，置九郡，巴马境地以盘阳河为界，河以北属定周县地，治所即今宜州市，河以南属增食县地，治所即今田阳县，同属交州郁林郡。

三国因之。

晋朝大兴元年（公元318年），置晋兴郡，巴马境地属晋兴郡增翊县。

隋朝开皇九年（589年），隶属郁林郡宜化县。

唐懿宗咸通三年（862年），岭南道分东道和西道，在邕管境内的少数民族地方设置羁縻州、县垌。在县境地东南部始设置羁縻恩城州，治所在今那桃周旧村，其余境内大部属羁縻归乐州，同隶属邕州都督府。

北宋初年，仍沿唐制，施行“以夷治夷”的土司制度。崇宁五年（1106年），巴马境地北部置羁縻文州，后置绍南寨、思阳县，州、寨、县治所在今盘阳一带，属庆远府，即今宜州市；境地南部置羁縻上隆州，治所在今燕洞，属横山寨，治所在今田东县，隶属邕州，治所在今南宁市。

元袭，文州属湖南道思州民安抚司，上隆州属田州路。

明洪武十二年（1379年），东兰知州归附，省文州人，巴马境地北部属东兰州地，南部属田州府。嘉靖七年（1528年），王守仁抚定田州，降田州府为州治，因分州地置十九土巡检司，在巴马境内的南部诸地置土巡检司：岜马、万冈、篆甲即今甲篆、下隆即今平林至大化乙圩一带、砦桑即今局桑。

清雍正七年（1729年）置哨，巴马境地北部哩喇哨即今盘阳一带、泗荀哨即今凤凰一带，改属东兰州，同属庆远府。光绪元年（1875年），田州改土归流，设置恩隆县，巴马境地原属土田州的上隆、下隆、篆里一、二、三都即今那桃乡，划归恩隆县管辖，恩隆县治设于燕洞圩，光绪五年县治迁至平马圩；余下的篆里四都即今巴马、龙篆三里即今甲篆，归百色同知，同属百色直隶厅。

民国初期，巴马境地分属凤山、田东和百色县。

巴马地处边陲，大革命时期起，这里是右江革命根据地的中心之一。1934 年冬～1935 年初，国民党广西省当局出于镇压革命需要，以“开化边民，施政便利”为由，设立万冈县，县治在定马乡巴马圩；辖境系原凤山县的盘阳、凤凰乡，百色县的定马、月篆、所略、百羌乡，田东县的巴品、仁德、燕乐、洪都、羌桂、灵歧、凤桥、鹅桥、罗贤等乡；1935 年 6 月，增辖原凤山县的福邦乡，共计 16 个乡，137 个村（街）。

1949 年 12 月 1 日，万冈县解放，境地、县沿袭旧万冈县不变。1953 年 4 月 23 日，政务院正式批准，裁撤万冈县。裁撤后，月篆、所略、福邦归凤山县管辖；凤桥、鹅桥、百羌归田阳县管辖；西山、盘阳、定马、凤凰归东兰县管辖；罗贤、仁德、巴品、羌桂、灵歧、洪都、燕乐归田东县管辖。

1956 年 2 月 6 日，为贯彻党的民族政策，根据民族意愿及兼顾历史上曾有“岜马”这个旧名，成立巴马瑶族自治县，县治在巴马街，县域以旧万冈县地为主。辖巴马、西山、甲篆、所略、凤凰、那桃、羌圩等 7 个区、103 个村。1956 年 12 月，拆凤凰区的东山片设东山区，全县共8个区，改属桂西壮族自治州百色地区。1958年1月，百色地区改为百色专区，巴马亦属百色专区管辖；1965年5月，巴马县改属河池专区管辖；1971年改属河池地区。1988年6月，大化瑶族自治县成立，原红水河一边的乙圩、板兰两乡全部，羌圩乡的羌圩、坡马、艾圩、那良、建康、洪箓、古龙、东扛，凤凰乡的那色、京屯、巴追、巴岩等村，划归大化县，疆界内移。2002年6月，河池地改市，巴马瑶族自治县属河池市管辖。

文化背景——长寿来龙去脉

这是一片充满神秘色彩的土地
它拉近了与天堂的距离
这里虽然地处边隅
赏赐你的是生命的奇迹
这里没有都市的繁华与富庶
让你梦中笑醒的是健康的赠予
风情万种的巴马哟
朴实中你创造了美丽
神奇美丽的巴马哟
亘古来你谱写着传奇

走进了巴马
就拥有了难以忘却的记忆
走进了巴马
更拥有天长地久的欢喜

朋友，你来过世界长寿之乡——巴马吗？你见过那些耳不聋、眼不花、背不驼、腰不弯、手脚利落、步履轻盈、谈吐过人的百岁寿星吗？你是否也想知道，这些生在19世纪、活跃在20世纪、又满怀希望地走进21世纪的山里神仙，是怎样走过百年人生坎坷历程？

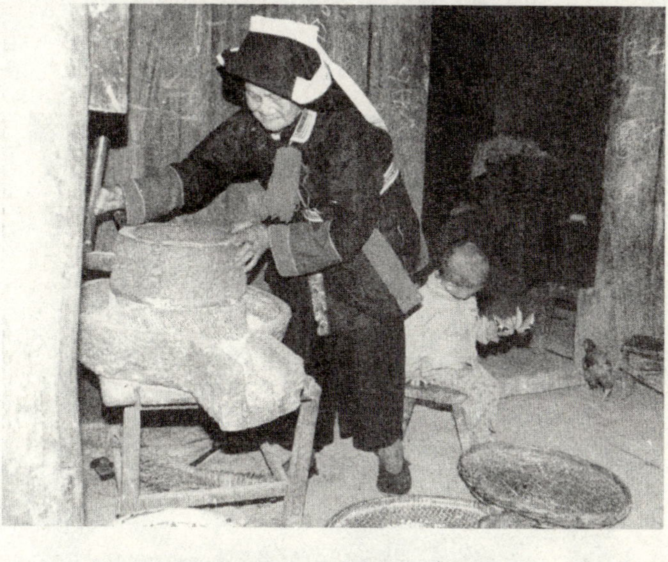

图1　邓妈爱，3个世纪的见证人

图 2　黄娅英，3 个世纪的见证人

图 3　韦当儒接受外国朋友采访

图4　外国专家访问杨乜仁

图5　外国专家采访百岁寿星

生老病死乃人类一大自然法则。有史以来，许多人都对长生不老梦寐以求，求仙方，觅仙果，炼金丹，结果无一人逃过死亡的劫数。生活物质条件优越的却不如条件差的活的长；有文化知识的却不如低学历的懂人生哲理。不过，总结“三生”即指生命、生存、生活的智慧及经验，探索生存空间，积累养生保健经验，延缓衰老，延长生命，突破岁月禁区，倒是人类一个不错的选择，也十分可行。

古往今来，生命一直是无法轮回的过程，因而长寿便成为人类永恒的话题。长寿是一种文化现象。追求生命的绵长，也就成为每个人的梦想，亦是人类生存智慧的“回归”。人们更注重生命的内涵和张力，愿意让有限的人生当中有无限的可能、无限的精彩。然而，长寿是不是人们追求的最终目标呢？不一定！有些人长寿，但不健康，没达到长寿的目的；长寿可以不是人生的目标，但是健康地活着绝对是值得尝试的。这或许是百岁老人们给我们最好的启迪。

诚然，巴马的长寿现象，并非一朝一夕之事，而是长期的历史演化过程。

巴马人的长寿，自古有之，在这片充满神奇的土地上，蕴藏着怎样的生命奇迹呢？人脉源长，寿泽古今。1973 年，由中国科学院古脊椎动物与古人类研究所等单位组成的野外考察队，在巴马所略乡所圩村弄莫洞发掘出土的更新世中期，距今73万年~13万年“巴马巨猿”牙齿化石，是迄今为止全世界所发现的8处巨猿化石地之一，以及后来发掘的新石器时代的坡六遗址、金山遗址等，都说明巴马在远古时代就是适宜人居住的地方。

有史料记载，清朝曾有两代皇帝，关注到了桂西长寿带的长寿人文。1810年，清朝嘉庆皇帝给桂西一位142岁的瑶族长寿老年人蓝祥赐诗贺寿，恭称其为“陆地神仙”而顶礼膜拜。1898年，光绪皇帝命广西提督府，给今巴马那桃乡平林村寿民邓诚才，赠送寿匾，题贺词“惟仁者寿”。这些史料说明，桂西一带长寿现象，在古代就已形成，巴马很早就是有名的长寿之乡了。

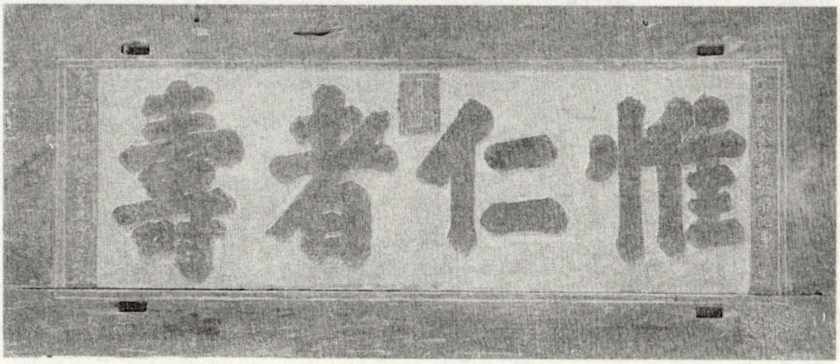

图6　1898年钦命广西提督府题赠给巴马长寿老人邓诚才的寿匾

我们对巴马的长寿文化现象进行总结、提升，也并非尽善尽美，更何况巴马的长寿现象古已有之，历朝历

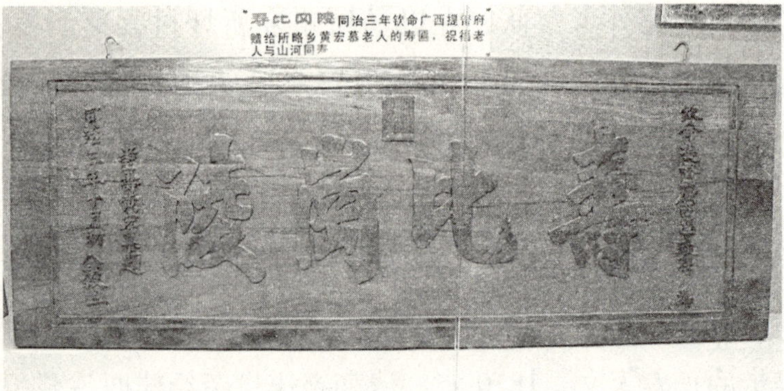

图7　同治三年钦命广西提督府题赠给巴马长寿老人黄宏慕的寿匾

图8　同治八年广西提督府给巴马长寿老人杨润魁赠送的寿匾

代对百岁人瑞都关爱有加，当今社会尤其重视人的生命健康，因此对长寿现象的文化总结、提炼提升，也就像长寿现象的演化过程一样，纷繁复杂，涉及到方方面面的问题。

构成巴马长寿现象的因素很多，专家的观点众说纷芸，广阔的研究空间，纷繁的科研课题，各种学术观点的争鸣，对揭示巴马的长寿现象，普及健康长寿科学知识，造福人类都是大有裨益的。当然，要能真正地破译长寿密码，还有很长的路要走，还需要生命科学专家们长期不懈的攻关，从现阶段来讲，任何一种有关长寿的理论，学术观点都还不具有绝对的说服力，只能是解题路上的一个驿站而已。我们的探索，期望能给人们在探索如何延长生命的过程中，起到一些提示作用。

从秦始皇派徐福漂向东海，带上 3000 童男童女，去寻找长生不老药开始，到如今差不多 2000 年了吧！中国的每一位皇帝，几乎都迷失在万岁这个虚幻的梦境里。生命总有如花开花落般的普遍周期，别说是万岁，哪怕只是百岁，也往往成为奢望。然而，在中国巴马的盘阳河流域，人活百岁却像风吹树响一样，寻常而又自然。沿河两岸居住着众多的百岁寿星、长寿老人，他们当中有的还能下地劳作，生活上能完全自理。这种倔强的生命向人们宣示，巴马是怎样一块神奇的地方呦。

巴马隐匿于崇山峻岭中，是一块神奇得近乎神秘的地方，巴马的百岁寿星、长寿老人分布在各个乡村。全县 1971 平方公里的土地上，处处隐匿着陆地神仙的居所。枕山面水，绿竹掩映，风光旖旎，环境清幽，俨然人间仙境，宛如世外桃源。寿星们藏身其间，过着日出而作，日落而息的躬耕生活。他们看惯了春风秋月、冬雪夏雨，听惯了蝉喧鸟鸣、犬吠鸡啼。云卷云舒带不走他们无邪的童心，花开花落铺就的是满天晚霞红。古往今来，数不清的长寿老年人，在这桃源仙境般的长寿圣地内，演绎着生命的奇迹。在这里，耄耋之年尚不能称老，百岁寿星、长寿老人大都身体健康，神清气爽，精神矍铄，不仅生活完全能自理，有的还像年轻人一样，参加各种力所能及的劳动。长寿并健康是这里与其他世界长寿乡最大的区别。数代同堂，子孝孙贤。和谐的家庭，良好的长寿生态环境，为寿星们创造了一个美好的仙境家园。

如今的巴马是人瑞若仙，浩若繁星，不愧为寿星的摇篮，人瑞的圣地。请你走进长寿村，走进寿星园，走进神仙居住的天堂，一睹巴马百岁寿星、长寿老人的苍态龙颜，你将会得到活神仙真诚的祝福和丰厚的回报。寿星们那无欲的笑容，健壮的身体，无忧无虑的性格，天宽地阔的胸怀给人们许多的思考，许多的启示：人活百岁不难，也不易。

新中国成立后，1953 年首次全国人口普查，当时巴马尚未建县，今巴马镇、东山乡、凤凰乡、西山乡等，分属东兰县第 7、8、9 区所辖。据广西公安厅统计，上述 4 个行政区内，就有十几位百岁长寿者，及近百位 90 ~ 99 岁高龄老年人。这一现象，引起国内医学界的关注。1960

图 9　背山面水的村庄在巴马随处可见

年，武汉医学院长寿科研组，首次到巴马及都安县的板升乡，进行长寿课题研究。由于交通不便，很多乡镇没有通车，考察组仅在巴马镇凤凰乡部分村屯展开调查，对当时的考察结果，未作出任何的认定。但也正是此次考察揭开了国内研究巴马长寿现象的序幕。

1979 年，因政治运动中断了十几年的长寿科学研究工作得以恢复进行。由国家卫生部牵头，组织北京、上海、湖北、湖南、广东、广西等省区 25 个医学教学科研单位，联合对巴马的长寿现象进行全方位的综合考察。

图 10　黄妈银 106 岁用手机和在外打工的孙女通话

这样大的规模，在国内尚属首次。新华通讯社用多种语言，向世界播放了此次考察活动的信息，引起了国际上的关注，巴马的名声一时间传遍全世界。

1981 年，第 12 届国际老年学会会议，在德国汉堡召开。中国老年医学会将巴马的长寿现象，在大会上进行交流。此次会议承认巴马是中国的第一个长寿县。

1991 年，国际自然医学会会长、世界长寿之乡考察团团长森下敬一医学博士，率领世界长寿乡考察团抵达巴马，实地采访了29位超百岁老年人。核准第4次全国人口普查中，巴马百岁长寿率为2.9/万。同年11月，在日本东京召开的国际自然医学会第13届年会上，森下敬一代表世界长寿乡考察团，正式宣布巴马为世界第5个长寿乡。

图11　森下敬一在巴马长寿村考察

此后，森下敬一在他主办的《国际自然医学》杂志上，从1991年12月至1993年，连续9期刊登对巴马长寿乡情况调查的报告和研究文章。他称巴马是世界第一级的长寿乡，理由是在不到2000平方公里的范围内，拥有近80位仍然健在的百岁长寿者，百岁老年人人数，呈

图 12　世界长寿之乡、中国长寿之乡双牌落户巴马，2008 年 11 月 8 日在巴马长寿博物馆举行揭牌仪式。揭牌嘉宾：国际自然医学会会长森下敬一（左 2）、中国老年学会常务副会长赵宝华（右 2）、广西河池市市长谢志刚（左 1）、广西河池市巴马瑶族自治县县长蒙建军（右 1）

递增趋势；更为重要的是，这里的百岁老年人，不是在他人的照顾下延续百年人生，他们大多都还能做些力所能及的劳动，有的甚至还像年轻人一样下田耕作。这一点充分说明了巴马长寿乡，与其他长寿乡的不同之处。这里的百岁寿星生命质量是世界一流的。

2010 年第 6 次全国人口普查数据显示，巴马 25.88 万户籍人口中，90 岁以上的老年人 530 位，其中 100 岁以上的有 81 位，相当于每 1 万人中就有 3.1 个百岁老年人，比率为31/10万，居世界5个长寿区域之首，比国际认证的世界长寿之乡标准比率高出了许多。从第1次到第6次人口普查数据看，巴马百岁老人的数量，显然一直在呈递增趋势；但这种增长并不是呈直线上升的势头，而是呈波浪式发展。例如，1994年中国老龄科研中心和广西老龄委调查统计，巴马百岁老年人的人数一度达79位，1998年也是这两家单位调查，又有两组不同的数据，一组是截止1998年1月1日零时，健在的百岁老年人有61位，一组是截止1998年5月31日，健在的百岁老年人只有59人，原因是从1月1日至5月31日止，这段时间有7位百岁老年人悄然逝世，又有5位99岁的老年人跨入一百周岁的行列，90～99岁的高龄人数达820人。百岁老年人的后备力量充足，在今后也不会失去它世界长寿乡的独特魅力。

巴马长寿带地域辽阔，包括都安、大化、东兰、凤山等周边县的区域。同为典型的喀斯特地形、地貌，居民居住的环境、气候条件、民族分布、生活方式、风俗习惯等，跟巴马长寿乡大体一致。据2000年第5次全国人口普查统计资料显示，巴马长寿带涵盖的这些周边区县的百岁长寿率均在7/10万以上，均达到世界卫生组织概定的世界长寿乡的条件，其中巴马的比率最高，凤山县次之。

巴马，已经成为长寿的代言词。1991年被国际自然医学会认定为世界长寿乡以来，专家学者的考察研究，媒体的宣传报道，游客的观光探秘及养生度假，如一股长寿文化的清流，在巴马大地上涌动。世人为什么如此关注巴马？是因为生命是至尊的价值，健康长寿是人的本能欲望，巴马又的确能让不少的外来者，重新树立起生活的信心和希望。

巴马是世界著名的长寿之乡。巴马这块人间“净土”，长期以来“养在深闺人未识”。近年来才倍受人们的青睐。越来越多的区内外、国内外的长寿现象探索者、休闲养生旅游者纷至沓来，或体验民情、或休闲养生、或考察探索、或休养疗病，无不为巴马美丽的盘阳河风光、奇妙的岩溶洞群、众多的长寿老人群体所倾倒。长寿休闲养生旅游逐年升温。据不完全统计，巴马县年接待游客数量，呈逐年猛增势头，仅 2010 年“十一黄金周”就达到 11.87 万人次，2011 年上半年达 85.4 万人。长寿二字已经成为这块人间“净土”的金字招牌。

巴马盘阳河风光秀丽，气候宜人是出了名的。沿河两岸的村庄宁静而温馨。近几年来，为了开发巴马的养生度假市场，一批长寿山庄、延年山庄、长寿养生屋等农家旅馆，如雨后春笋破土而出，应运而生，形成了一个庞大的养生世界和度假乐园。随着巴马长寿之乡知名度的日益提高，全国各地前来巴马养生度假的人络绎不绝。他们寒来暑往，像候鸟一样，随气候变化而往返，人们称之为“候人”现象。这些“候人”绝大多数都是来自大都市的亚健康状态的中老年人，也有人身患数十年的顽疾，求医无方，来到巴马住上一段时间后，竟然多种疾病不治自愈，带病而来，病愈而归。说巴马神奇，是外乡人在巴马疗养的亲身感受。他们亲身感受到巴马寿乡环境的神奇，享受到长寿环境带给他们的喜悦，享受到人生真正意义的幸福和久违了的健康的生活。所以有人说：巴马可能蕴藏着一种能使人重获健康体魄，并延年益寿的神奇力量。而要真正揭开这个神奇的谜底，就只能有待于与之相关的方方面面学科的研究者们，去探索，去研究，去作出结论吧！

长寿是巴马的超级品牌。几十年来，中外生命科学家纷纷把研究长寿的目光聚焦于巴马，就是因为这里是寿星云集的殿堂，是秘境型的长寿圣地。

巴马这片孕育众多寿星的土地，到底蕴藏怎样神奇的因素？国内外生命科学家，经过几十年的探索与研究，得出结论：长寿因人而异没有固定模式，但生态环境优越，饮食接近自然，体力劳动终生，睡眠充足良好，性格开朗乐观、社会环境和谐、遗传有点优势等无疑是其共同之处。用中国传统医学“天人合一”的观点来解释，巴马寿星之所以恒久不衰，得益于人与自然的和谐相依。

二　品读巴马

（一）长寿奇观

长寿博物馆——丰富生命知识

长寿是一种文化现象。巴马人的长寿，自古有之，在这片充满神奇的土地上，蕴藏着怎样的生命奇迹呢？让我们走进巴马长寿博物馆，去了解巴马长寿文化的精华。

人脉源长，寿泽古今。1973 年，由中国科学院古脊柱动物与古人类研究所等单位组成的野外考察队，在巴马所略乡所圩村弄莫洞发掘出土的更新世中期，距今 73 万年～13 万年“巴马巨猿”牙齿化石，是迄今为止全世界所发现的 8 处巨猿化石地之一，以及后来发掘的新石器时代的坡六遗址、金山遗址等，都说明巴马在远古时代，就是适宜人居住的地方。1810 年，清朝嘉庆皇帝给桂西一位 142 岁的瑶族长寿老年人蓝祥赐诗贺寿，恭称其为“陆地神仙”而顶礼膜拜。1898 年，光绪皇帝命广西提督府，给今巴马那桃乡平林村寿民邓诚才，赠送寿匾，题贺词“惟仁者寿”。这些史料说明，桂西一带长寿现象，在古代早已形成，巴马很早就是有名的长寿之乡了。

天择地授，世外桃源。巴马山好水好，空气好，地理更好。碧空如洗，青山如黛，碧水似玉，田园阡陌，竹篁婆娑，宁静安详的村落，明媚充足的阳光，清新纯静的空气……长寿的环境基础，巴马一应俱全。

研究表明，巴马的土壤中锰和锌含量，是其他普通地区的几十倍。锰是人体内多种酶的激活剂，可视为具有抗衰老作用的元素。锌则能提高人的免疫力，被称为“生命之花”。巴马的空气中更是富含被誉为“空气维生素”的空气负离子。巴马的水多是地下水、山泉水，有四个显著的特征：1. 属弱碱性水，PH 值一般在 7.2 ~ 8.5；2. 氧化还原电位低；3. 属小分子团水；4. 富含矿物质。专家们测定，巴马的地磁强度，比其他地方高出 0.2 ~ 0.5 高斯。长期在适宜地磁环境下生活，能提高肌体免疫力，延缓衰老；可使大分子水团变成小分子水团，能通过细胞壁的纳米亲水通道进入细胞参与生命活动；还促使空气中正负离子的分离，使负离子源源不断产生，从而始终保持能达到治疗效果的高浓度含量。巴马一年中日照时间长，使得光波中波长最长、穿透力最弱的远红外线极易投射到大地上。而波长在 4 ~ 14 微米长的远红外线，具有活化水、活化人体细胞组织及改善微循环的功能，是保障人体健康长寿的要素之一……。

最为耐人寻味的是，那社乡的那社河有一段弯弯曲曲的河道，宛如一个大大的草书“命”字，镌刻在平坦如砺的田畴上，让巴马这块土地，更平添了几分神秘的意味。

心仪高古，民风蓄寿。巴马世代居住着壮、瑶、汉等民族，人们同饮一江水，同耕一座山，心仪高古，民风淳朴，尊老敬老的习俗世代相袭。这里的人们都是好客的谦谦君子，外乡人随意走进壮村瑶寨，都会受到热情款待。壮、瑶各族都有各自独特的民族习俗，都以歌舞的形式来表现对美好生活的追求，对生命的关爱。瑶族的“祝著节”，也叫达努节，意即“不要忘记”，纪念瑶族始祖密洛陀，壮族的“三月三”歌节、“牛魂节”都是每年必须举行的节庆。这些活动给人们带来精神寄托，陶冶了人们平和的心态，也带来了健康长寿。

五行调合，养生有道。在世界5大长寿乡中，巴马拥有最高寿者和最高人口百岁率。研究者发现，除了独特的自然条件，合理、清淡的饮食结构，贴近自然、享受自然、顺应自然的生活方式，也是巴马人多长寿的主要原因。这些寿星们一生清苦，却始终乐观向上，对生活充满希望；他们终生辛勤劳作，百岁后仍以家务劳作为乐趣。也是基于此，敬老的风气在巴马十分浓郁，老人到了一定年岁，儿孙们就给老人“补粮”、备棺，从精神上给老人延年添寿。

名闻海内，“候人”飞来。巴马的生命奇迹像一道道强大的电波，不断向外传播，同时也引来了众多的外乡人，他们寒来暑往，像自然界的候鸟一样，在巴马这个大氧吧里，体验恬静快乐的生活，寻求养生之道。有人把他们亲切地称为“候人”。这些“候人”有的身患数十年的顽疾，求医无方，来到巴马后，竟然不治而愈。如上海的郑先生，患有严重的哮喘病，医治多年未愈，在巴马住了不到一个星期病情开始好转，一个月后不治而愈。76 岁的马先生是一位慢性肠炎患者，各地求医均无功而返。见到有关巴马的报道后，到巴马住了几个月，未作任何治疗，肠胃功能竟神奇地恢复正常了，而且中年时已谢顶的头上，还长出了发丝来……这样的事例还有许多，神奇的巴马，正吸引愈来愈多的远方“候人”。

关爱生命，科学话语。1981 年，在德国汉堡召开的第 12 次国际老年学会上，巴马被确认为中国的长寿县。不久后，世界卫生组织和国际红十字会，也确认巴马是中国的长寿县。国际自然医学会经过 4 次组团实地考察后，于 1991 年 11 月在日本东京召开的第 13 届年会上，确认巴马为世界第 5 个长寿之乡，经过 12 年的观察和考察，2003年11月，国际自然医学会给巴马颁发了“世界第5长寿之乡”认定书，这是该国际组织对外发出的唯一一本世界长寿乡认定书。

2010年第6次全国人口普查数据显示，巴马25.88万户籍人口中，90岁以上的老年人530位，其中100岁以上的有81位，相当于每1万人中就有3.1个百岁老年人，比率为31/10万人，居世界5个长寿区域之首，比国际认证的世界长寿之乡标准比率，高出了许多。

自20世纪60年代以来，不断有众多国内外科研单位和大专院校的专家、学者到巴马进行长寿科学考察。经过几代长寿科学研究工作者50多年来的不懈努力，长寿科学研究硕果累累，这些成果将有力促进生命科学的研究，惠及全人类。

通过到长寿博物馆长寿养生游，丰富了生命知识。

长寿乡村游——过把神仙瘾

世人常常把精神矍铄、健康快乐的百岁老人比作“活神仙”。到巴马长寿养生游，你自然会想去看一看这些“活神仙”，以及那些神秘的村落。

其实，巴马绝大部分村屯都是长寿村，只是盘阳河两岸村屯的百岁老人最多并占人口比率最高，人们就称这些村屯为长寿村了。

甲篆乡平安村巴盘屯 300 多人口，2000 年第 5 次全国人口普查时，百岁老人竟达 7 人之多，人们又称这村为“长寿圣殿”。加上这个村家家户户有人外出读书、工作，有在清华大学、哈尔滨工业大学读书的，有到澳大利亚留学、工作的，巴盘又有个美称——秀才村。

图 13 巴盘长寿屯全景

松屯，有人也把它叫做“百岁鸳鸯屯”。那是因为屯中曾经出了一对百岁夫妻，双双跨越百年大寿。这对老夫妻，男的叫黄卜吉，女的叫黄妈吉，一生以种地、打

图 14　巴盘屯

渔为生，都活到了 101 岁。松屯中还有一位 104 岁的老寿星，名叫黄乜牙，也叫黄奶莲，5 个儿子中已有 4 个先她而去。她一生生育了 5 男 2 女，有孙子、孙女 25 人，曾孙 17 人。

甘水屯，因村头有一眼甘泉而得名。全村 200 多户壮族人家，几年来出现了 3 个百岁寿星，一个叫罗乜成，活了 109 岁；一个叫杨化春，活了 111 岁；还有一个叫潘乜牙，活了 116 岁，儿孙先后给她备制了 5 副棺材，她却创造了“五备棺木四副朽，人仍健在厅堂中”的长寿奇迹……

一条盘阳河，千百年来到底哺育了多少寿星，演绎了多少生命传奇，恐怕谁也估算不清了。盘阳河因此又被称为“长寿河”“母亲河”。说也奇怪，除了每年6、7、8月份由于下大雨河水混浊之外，其余月份都河水澄清。最令人惊奇的是，以百鸟岩为界，河上游至百魔洞口的河面是湛蓝色的，而河下游的河面是深绿色的。湛蓝色的河段又有两个奇观：一是盛产稀世珍宝——油鱼，二是那里的人们仍保留着裸浴习惯。

盘阳河两岸翠竹摇曳，垂柳婆娑，壮族村屯依山傍水，坐落于山水融汇之处，展现着天人合一的绝妙境界。虽然近几年长寿养生游的外地人越来越多，但长寿村仍保持着自己的特色：

繁华而不嘈杂。随着知名度的日益扩大，长寿村聚集着越来越多的外地人，有来长寿养生游的，有来休闲度假的，有来康复疗病的，有来旅游观光的。这些不同文化程度、不同性别、不同年龄、不同职业、不同民族、操不同口音的人聚居一处，给长寿村增添了许多热闹。可是，他们温文尔雅，礼貌谦和，与当地村民相处融洽，平静、祥和地过着每一天。因此，长寿村始终保持祥和、安静的状态。

原始而不落俗。经济的快速发展和外来人员的频繁活动，给长寿村注入了许多时代气息。但是，村民们始终没有放弃祖宗传承下来的许多传统和习俗：吃的讲究原生态、原汁原味；劳动工具、生活器具，讲究新旧结合，把老式的东西视为祖宗遗产加以保护；人际关系讲究尊老爱幼、互助互爱，对人礼貌、热情、诚实。在那里，除了自然界本身拥有的阳光空气、山川秀色，人们还可以从田间阡陌上、从农舍村落中找到失落已久的某些东西。这些东西抑或是一种记忆、一种感觉，就好像是从村头田间的泥土芳香中嗅到自己祖辈的气息、从村民们的言谈举止中感到与生俱来的亲和力。

这种浓浓的返璞归真的滋味，会让你吃得香、睡得沉、精神爽，真真正正体会神仙的生活，在长寿养生游中提高自己的生命质量。

“候人”现象——领略生命奇观

自古世上有候鸟，今日巴马多“候人”。

像随着季节迁徙的候鸟一样，如今，每年都有许多外地人到巴马当“候人”。巴马的“候人”究竟有多少？听听县城汇集的方言就知道了：东北、北京、上海、广东、福建、海南、陕西、四川、湖南、贵州、新疆、西藏……

随着巴马的名气与日剧增，人们纷纷慕名来巴马长寿养生游。越来越多的长寿村都有了寄居的“候人”，他们有的住一个月，有的住半年，成了常住“人口”。以前北方人居多，现在出现了不少南方人。广州一家旅游公司甚至组织了人一批一批地来，最短也住个十天半个月的。近年，连广西人也加入了这个队伍。

甲篆乡坡月村坡月屯是这些“候人”的最爱，每年都会有上千人来这里寄居。“候人”们住在农家，吃在农家，静心休养，每天吃过早餐后，成群结队到两公里外的百魔洞，或游山玩水观洞，呼吸新鲜空气，或聊聊天，回来的路上打两瓶天然矿泉水带回住地当饮用水喝，午休后又照此活动。偶尔也开展一些娱乐活动，有些女性则主动帮助户主，做些轻微家务劳动。他们在巴马生活了一段时间后，身体和精神状况都发生了变化，通过他们的口口相传，越来越多的人加入了“候人”的队伍，而他们居住的村屯，扩大到了平安村的巴盘屯、弄劳屯和百马村坡纳屯等盘阳河上游沿岸的村屯。无论是长寿养生游者，还是旅游度假者，无不赞叹巴马神奇，许多人称这里为“健康加油站”。

这些长寿养生游者，来自全国32个省市自治区。来自不同地区、不同民族、不同性别、不同年龄、不同职业、不同文化程度、操不同口音的人聚居一地，构成了盘阳河畔一道独特而奇异的风景线。

来巴马长寿养生游的绝大多数人，都非常理性，认为能否长寿是未知数，至少能保证健康；不求长寿，只求健康地活着，只在虔诚地与大自然对话，天人合一，做着长寿的健康积累。

（二）山水风光

百魔洞——健康的加油站

百魔洞位于巴马瑶族自治县甲篆乡坡月村西侧，距县城 30 公里，是巴马最为雄伟壮观的石灰岩溶洞。

1987 年由中英岩溶地质专家组成的联合探穴队，经过在洞中历时 9 天时间的探险考察，被该洞洞内那些世界上岩溶洞穴中均属稀有的具备独特性、典型性、稀有性的扁状钙化体堆积，多层溶洞立体分布遗迹，巨型穴珠遗迹和河流连续穿洞遗迹所震惊，一致认为该洞集天下岩洞之美于一身，堪当“天下第一洞”。

百魔洞与相通的感岁洞，邻近的柳羊洞和五仁洞共同组成庞大的洞群。

百魔洞中别有洞天，南、北洞间，有个桶形的天坑，

图 15 巴马百魔洞口外

垂直陡峭，高达百米。天坑边上，世代居住着勤劳善良、独享宁静的高山土瑶人；天坑内是方圆 4 亩的生长着各种中草药的园地，人称“世外桃源”。

百魔洞洞内辉煌瑰丽，多姿多彩，庞大的石塔群，挺拔高耸，雄伟壮丽，让人惊叹不已。洞中怪石林立，洞壁鬼斧神工，状怪形奇，加上洞中雾气缭绕，变幻无穷，更使这些巍巍景观显得诡秘魔幻，多彩多姿，所以当地人称之为“百魔洞”。

洞内景物，随季节变幻。盛夏时节，洞顶无数岩泉

图 16　巴马百魔洞

下渗，滴哒有声。洞底股股清泉汇成各种深浅之潭，浅处可淌足，深处可泛舟。洞口的泉水是弱碱性的活性水。从洞中溢出的泉水，与西边从仁乡潜过的盘阳河伏流，在洞中交汇，泾渭分明，清浊可辨，奔腾咆哮直下坡月河段。秋冬之时，潭碧如洗，倒影可鉴。春季，洞外洞内天窗上下，繁花似锦，鸟鸣泉唱，交相辉映，让人叹为观止。百魔三重天，景致各不同。“百魔归来不看洞”是中外游客对百魔洞由衷的赞誉。

洞中空气负氧离子含量很高，达到 7 万个/cm^3，对人体健康十分有益，被誉为“空气维生素”。它可以消灭空气中的过敏源，有效地预防、治疗过敏性鼻炎、哮喘等疾病，能改善肺部换气功能，促进气管纤毛颤动，通过生化反应，消除呼吸道炎症，缓解支气管哮喘，起到止咳、祛痰等作用；促进组织、细胞生物氧化、还原过程，有明显的扩张血管的作用，可改善心肌功能，增强心肌营养，降低血压，对高血压、冠心病、心脏血管硬化等有一定的疗效；能调节中枢神经兴奋、抑制功能，缩短感觉时值与运动时值，改善神经功能，并能治疗胃肠功能紊乱、痉挛性便秘，治疗神经衰弱等；此外，负氧离子吸入人体后，随血流输入全身组织细胞，可以调节大脑皮层功能，镇静，抗疲劳；使氧自由基无毒化；维持人体体液酸碱平衡，促进机体代谢生长和废物排泄，延缓发育细胞衰老；为提高免疫力，延缓衰老，提供了良好的内在环境。

通过到百魔洞长寿养生游，到洞里来“吸氧”，在洞中做操、打太极拳、闭目养神……养生健体，融入大自然清新怀抱，为长寿做着健康积累。

水晶宫——长寿自然景观

水晶宫位于巴马县城西北的那社乡大洛村牛洞屯，

图 17　养生人们在百魔洞口外云鹤亭休憩

距县城约 44 公里，交通便利。

水晶宫以全洞洁白纯净、密集分布的石毛发、卷曲石、石花等景观为显著特色。经中－英联合洞穴探险与科考队多次探测，其水、旱洞长度超过 30 公里。水晶宫为该地下河的一处高层洞（化石洞）。洞穴底部的局部地段，可见到磨圆度很好的古河床砾卵石和细砂土沉积物。水晶宫内的钟乳石类，有重力水沉积类的鹅管、钟乳石、石笋、石柱、石带、石旗和各类石幔、石瀑布、石盾等；非重力水沉积类的石毛发、卷曲石、石花等数十种，其形态多姿多彩，雪白纯净，玲珑剔透，集天下艺术珍品于一洞，属国内一流的珍稀景观。

洞内空气负氧离子含量很高，达到 3.6 万个/cm^3 ~7 万个/cm^3；为洞外的 100 倍。极具长寿养生游、观赏、科学研究价值。

百鸟岩——天然的大氧吧

百鸟岩别名龙虎洞，因洞内燕子栖集，蝙蝠掠飞，又名百鸟洞。因洞内含负氧离子浓度高，又称延寿洞。位于巴马县甲篆乡烈屯西北面的漠斋山下，距县城 20 公里。

盘阳河自吉屯白熊洞潜入山下，形成 1000 多米的伏流暗河后，从此洞流出，是盘阳河注入红水河前的最后一处伏流出水口。洞内蜿蜒曲折，直通与白熊洞一山之隔的拉类坳下的一个侧洞口。

洞中水平如镜，深不可测；洞顶岩泉四季飘洒，胜似瀑布；洞中钟乳石，千姿百态，令人目不暇接，其美妙景象好似桂林的芦笛岩，又好像九寨仙境，故游人称之为“水上芦笛”“洞中九寨”；洞顶每隔两三百米，就有大小不一的自然天窗，天光照到水面上，犹如舞台上

图 18　百鸟岩 – 1

的光束，色彩纷呈。洞中歧洞叉水道不可胜数，密如蜂房，整个洞仿佛一座装饰华丽、变幻莫测的迷宫。因进出此洞有“三明三暗”处，仿若“三天三夜”，故英国洞穴探险队曾由衷地感叹，在洞中探秘可体味在地球上消失三天三夜的感觉。洞的尽头有一巨大岩石，裂痕石缝形成：“人、人、寿”3 个字。

广西诗词学会会长钟家佐《咏巴马百鸟岩》：

潋滟清江隐入山，地宫乘筏溯流滩。忽明忽暗三昏晓，且喜且惊一瞬间。

百鸟来朝耽舞乐，群鱼腾跃荡波澜。岩深惊听雷声

图 19 巴马水波天窗

图 20 百鸟岩 - 2

响，窥见潜龙逐浪翻。

乡人冯文东游过百鸟岩后，曾题联：

一水空山，源流深远通地脉；百禽化洞，岩岫幽明蕴天机。

通过到百鸟岩长寿养生游，因洞内高含负氧离子，在洞内只需冥想3分钟，就会静心。心静则神静，神静则形安；思绪全无，进入休眠状态，避免神躁则形亡。

盘阳河——拥抱神奇之河

盘阳河发源于巴马的塔云山麓和凤山县的乔音乡，由多股山泉汇集而成，全长145公里，由西北向东南流去，最后汇入红水河流域的岩滩水电站库区。

盘阳河在巴马境内流程82公里，从百魔洞分3处出口涌出后形成干流，其间有4段是伏于地下的暗河。河水五进五出于地下溶洞，水碧如洗，水质甘洌，清澈见底。尤其在甲篆一带，一路秀水潆洄，翠影婆娑，奇峰耸翠，丘陵绵延。村落依山傍水，田畴似锦如缎。尽显盘阳河清幽秀丽之色，无限风光，美不胜收。

盘阳河其源头之一——那社河，在那社乡田垌里左拐右弯，从高处俯视，其河床酷似书写的草体“命”字，

图 21 盘阳河五进五出地表，此是第五道入口

故被称为“命河”，那“命”字的一竖很长，真可谓“长命”啊！这条与生命息息相关的幸运之河，象征着寿星仙翁篆刻见证巴马长寿之乡的印鉴。

图 22　盘阳河风光 -1

图 23　盘阳河风光 -2

盘阳河既是生命之河，又是长寿之河。巴马盘阳河不仅是壮、瑶民族聚居地带，也是一条长寿带。两岸不仅山青水绿，风光明媚秀丽，而且河水清澈纯净，时而避入地下，潜流过滤受到净化，富含对人体健康长寿的矿物质和微量元素；时而露出地表，带出浓度高达 1 万个/cm^3

图 24　盘阳河其源头之一——长命河风光

以上的负氧离子，滋润着地表空气。这一带生活着众多的古稀、期颐老人，其人数密度和长寿环境为世上少有。巴马大部分百岁老年人就生活在盘阳河畔，其中百岁兄弟、百岁姐妹、百岁夫妻村村可见。

通过到盘阳河畔长寿养生游，漫步其间，天人合一，让神奇为长寿增加砝码。

赐福湖——山水放飞心情

赐福湖位于巴马县城东北部，距县城 4 公里处，是红水河岩滩水电站封坝后自然形成的人工湖。湖面总面积 3 万多亩，在狭长的湖面上，矗立着 100 多座未被淹没的山头，形成岛屿星罗棋布之态，故又有“百岛长湖”之称。

图25　覃卜能（右）109岁、覃兆金102岁兄弟

赐福湖水乡泽国，青山常绿，碧水常驻，湖山映衬，相得益彰，近水远山皆有情，人称瑶山西湖。但见水绕峰回，碧水幽幽，波涛粼粼；沿岸或青山如黛，或绝壁若崩，苍梧翠竹间，若隐若现几间粉白的民房，让人恍若误入仙乡梦境。天晴日丽，泛舟湖上，可细赏锦鳞游泳，野鸭戏水，渔歌互答；可静观山岚升腾，龙脊漫隐，田鹭孤翔。至若夜色如水，渔火次第亮起，山川隐退，清风徐来，水月镜天，轻舟慢渡，独享世外宁静之境，真乃人生之乐事。

冯文东《忆游赐福湖》诗曰：

图 26　卢迪花 116 岁、卢迪小 109 岁、卢金妹 102 岁 3 姐妹

惯看春红点鹭鸥，东湖把酒桂三秋。林烟断岸山吞日，落照一襟天外流。

巴马县麒麟诗社副社长罗文秀有诗赞曰：

凌波漫赏醉斯乡，两岸青峦竖画廊。水映丹霞舒壮锦，峡飞白鹭缀春江。

高山林秀绝尘秽，幽涧风清夹异香。慕效陶潜谁似我，寄情天地任徜徉。

百岛长湖是乘舟、垂钓、游览库区新村和湖光山色的理想胜地。从该湖乘船可达岩滩水电站，两岸风景美不胜收。对此，巴马县委宣传部原副部长、退休干部黄铸以诗

图 27　梁增盈 104 岁、陆妈宜 104 岁相伴一生

绘景，将赐福湖的景点神韵描绘得十分传神、贴切：

晴空蓝天映碧水，万里河川赐福汇。浩渺长湖赛苏杭，景致不逊西子美。

群峰列岸层叠翠，航船过处白浪飞。摇动山影彩霞碎，惊起白鹭去又回。

东厢情侣江边偎，西隅美女正酣睡。点点湖岛盎然趣，雨霁空蒙轻雾吹。

烟蒸云腾神仙地，游客流连不思归。

到赐福湖长寿养生游，如此美仑美奂的环境，是不良情绪的释放剂，是疾病治疗的增效剂，是疾病康复的促进剂。呼吸着富含负氧离子的新鲜空气，自我心理调适，自我心理平衡，自我创造良好心境，平和宁静中，使人仿佛置身于瑶池仙境，放飞心情，不知今夕何夕……

交乐天坑——养生地下花园

在巴马的西北部，方圆不足 10 公里范围内，分布有 7 个大大小小的天坑。最大的一个，是体积世界第二的好龙天坑，其次是交乐天坑。

图 28　世界第二大的好龙天坑

交乐天坑位于巴马县城西15公里的交乐村，处在石山与丘陵结合部、石山地区边缘，状似椭圆形的大浴盆，四周悬崖绝壁，底部是平旷的台地，古木苍森，其间有野生芭蕉林和珍稀中药材，以及4亿年前的活化石——树蕨，人称巴马“地下花园”。更有暗河自西端洞口流出，横贯林地后又潜入东端的洞口。河床以石为底，河水清澈，甘洌无比。

图29　交乐天坑

有诗赞曰：

地陷东南一角深，悬崖环立气萧森。巨星飞坠疑留迹，幻梦奇观信可寻。

年迈何妨争探险，黄昏乘兴勇登临。坑中休作井蛙叹，长啸惊闻天地音。

1971年，年刚8岁的姚姓小学生，到天坑边缘挖掘药材“山鸟龟”，不慎跌落坑底。神奇的是，垂直而下140多米，期间他有几次被树枝托拽，减缓了下坠的速度，跌落处恰好又是一堆厚厚的草丛，使他化险为夷，昏迷了三天三夜，最终死里逃生。他长大后成家立业，生有2女1男，如今子女已上了大学，他本人身体健康，从事建筑业，家庭幸福美满。他跌落天坑不死，至今在当地仍成为传奇。

1996年，巴马编制旅游规划时，专家们在坑底检测到空气负氧离子含量达1.6万个/cm^3，最后一致认定：该天坑极具长寿养生游、观赏、科学研究价值，世间少有。

（三）民族风俗

拜德公坟——行善积德

在燕洞乡龙田村石林边一座土山的半山腰上，有一座高大的土墓，本地人都叫它德公坟。据说，德公坟很“灵”，凡前来祈求者，多有如愿，因此，德公坟前常年香火袅袅，各种祭品层层堆放。香客来自四面八方，有的求子祈福，有的求财避灾，有的为儿孙祈求升学升官等，五花八门。

可是至今谁也不知道德公的名字，只听说清朝光绪初年，一个老年人，从湖南来到龙田，给老百姓看风水、择吉日，消灾避邪，行善积德，深得当地群众的称颂。老人功德圆满后，坐化于自己选择的吉穴。百姓多日不见老人，还以为他回湖南去了。一日，一位老农上山砍柴，闻到一股臭味，顺臭味寻去，只见老人已死多日，有一大群蚂蚁，正忙碌搬运泥土把他覆盖。众人闻讯赶来，看到蚂蚁埋葬老人，知道老人功德圆满，因而谁也不敢去惊扰垒坟的蚂蚁。就这样，经过蚂蚁常年累月不停地搬土垒坟，终于造出了方圆几十里一座最为壮观的大坟来，百姓们尊称老人为德公，此坟亦叫德公坟。

祭拜德公坟，从表面看似乎是人们迷信，其实却充分体现了人们对美好生活的向往。

通过祭拜德公坟长寿养生游，养生必先养德，大德必得其寿。

参加“补粮”——祈寿延年

“补粮”续寿，是巴马壮族的一种为老年人祈求健康长寿的民俗活动。

人生七十古来稀。人上了年纪，生理功能逐步衰退，身体免疫功能也处于逐步减退状态，头痛脑热是常有的事。在早先巴马经济条件落后、医疗条件很差的情况下，大多数老年人文化程度不高，老年人身体有点毛病、感觉有点不舒服，便会胡思乱想，认为上天安排给他一生的“粮食”就要吃完了，人生之路快走到尽头了。为了安抚老年人，子女们就要张罗为老年人“补粮”，用这种方式消除老年人的后顾之忧，祈望老年人延年益寿。经济条件好的家庭，每几年就安排给老年人补一次粮。

这项不知起源于何时的祈寿民俗，是巴马独特的长寿文化。

“补粮”要选择吉日举行。请当地道公，根据该老年人的“生辰八字”即出生年、月、日所载的信息，按五行生克的关系，确定“补粮”的日期。比如：老年人的生日属金，那就要选择土日，来进行“补粮”。因为按照五行学说，土生金，用土来辅佐金的不足，使其金旺。以此类推。

择定吉日后，孝主即老年人的子女，通知所有晚辈宗亲，包括已出嫁的女儿，届时要全部出席“补粮”仪式。已出嫁的女儿、孙女，要给老年人准备寿衣、寿服、寿鞋等礼物；女婿、孙女婿，还要给老年人献上锦旗，锦旗上题写“寿比南山”“寿享遐龄”等祝寿用语，以表孝心。

“补粮”即日，孝主在房屋的中堂，设置一张祭桌，摆上三碗大米当香炉，分别插上奉请诸神牌位，及受“补粮”老年人的奏文，祭桌的四个脚，绑四根去枝留顶的青竹竿，不能去顶，寓喻着老年人的生命没有终点，永远蓬勃向上。每个竹竿分别挂上谷穗和布匹，寓喻着老年人衣食无忧，所挂的谷穗寓意着一年四季不断粮，从此快乐平安，无灾无难，健康长寿。祭桌旁边备有一箩筐大米，孝主所宰的牲头煮熟后，全部端上祭桌供奉。

道公宣布仪式开始后，孝主面对祭桌下跪，道公一边敲击小锣，一边念诵祷词。在念诵祷词的整个过程中，孝主分三次给祖先神位献酒、献茶。当第三次献酒、献茶结束后，受“补粮”的老年人进入卧室，坐在床沿上，双手拿一个红布袋。孝主手执黑色布匹，把一头放在祭桌旁的装有大米的箩筐内，再把另一头放在老年人的怀里。

当道公宣布给老年人“补粮”时，到场参加仪式的孝男孝女，排好队按次序一次一人到祭桌旁下跪，双手接过道公从箩筐里盛上的一碗米后，再拿出各自准备好的钱币，多少不限，放在米碗里，顺着这块黑布，走到老年人面前，恭恭敬敬地把米和钱，装进老年人手拿的红布袋，并说一些祝老年人健康长寿的吉祥话，然后退出卧室。直到所有到场的人，一一给老年人补完粮后，道公切上几块已煮熟了的肉，将肉和一碗饭，送到老年人床前。做完法事后，由孝主亲自给老年人喂食。然后，道公将一条事先准备好的红布带，系在老年人的腰间；再把祭桌的4根青竹竿，放到老年人的床头或蚊帐上。

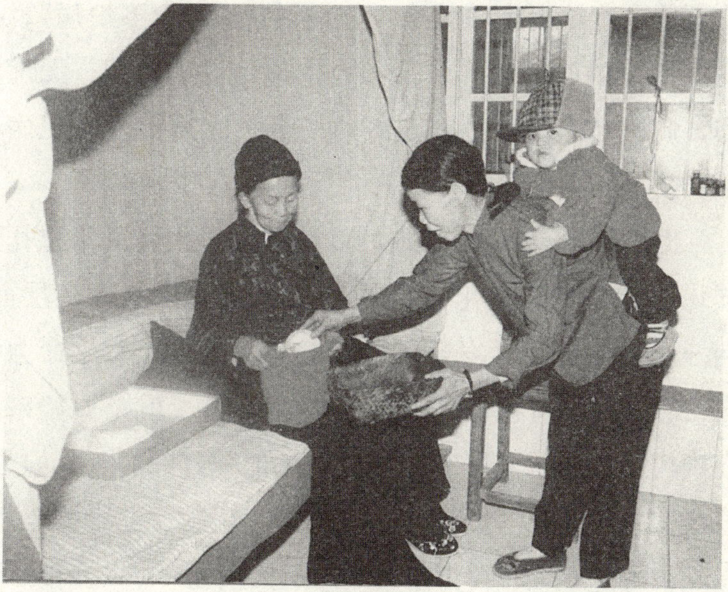

图30 孝主在给老年人“补粮”

封灯，燃放鞭炮，仪式结束。所有到场的人进桌就餐，举杯祝福老年人康宁长寿。

子孙们给老年人补上的这些钱和粮，日后由老年人根据需要，自行安排享用，不能送给第二者共享。

“补粮”习俗，是壮族原始宗教在生活中的缩影。从表面形式上看，不免搀杂一些迷信色彩，但也体现出壮族尊老爱老的道德风尚。补给老年人的这个“粮”，是晚辈对长辈物质生活和精神生活上的关心，更重要的是给老年人精神上的安慰，实质上起到了心理治疗的作用。心理健康有益于生理健康。俗话说：“有命不怕病”，接受过“补粮”的老年人，认为生命已得到延续，无忧无虑，愉快地享受生活，过好每一天，有病治病，无病心情欢畅。

巴马长寿老年人精神生活世界里，涵盖了传统礼让文化、传统宗教文化和村寨传统尊老文化等诸多层面。传统宗教文化使百岁寿星、长寿老人增强了对生命力的自信心。独具特色的“补粮”续寿习俗，就是原始宗教在现代生活中的再现。老年人在浓郁美好的精神抚慰中，享受到其乐融融的生活。这种平静、乐观、健康的心态，也是长寿老年人，得以享福百年的因素之一。“补粮”对那些没有受过教育、迷信思想浓厚的老年人尤为管用，他们认的就是这个“理”。

“补粮”习俗，是壮族民俗文化与现代文明中多元而丰富的精神生活和谐相融的体现。这些原生态的民俗文化，已不再被简单地曲解为愚昧的产物，而是渗透到人们的生活当中，成为不可或缺的精神食粮。这种精神的陈酿，只有用心灵去面对、去感悟，才能在冥冥中，体察出它所释放出来的巨大能量。

通过参加“补粮”续寿仪式长寿养生游，身心“有福同享，有难共担”。

裸浴古风——预防疾病

黄昏时分，盘阳河畔上演美丽一幕：男女老少成群结队，人人显得轻松愉快，忘乎所以，旁若无人，脱光衣服跳入河中，男在上游，女在下游，水花四溅中欢声笑语，有种好像是原始人放浪形骸的情景。

盘阳河畔裸浴风俗始于何时，已不可考。裸浴，一种古老的生活习俗，在中国南方可是历史久远了。《后汉书·南蛮列传》有记载：“《礼记》称‘南方曰蛮。雕题交趾’。其俗男女同川而浴，故曰交趾。”千年习俗能沿袭到今天，说明还有提供它存在的空间和沃土。裸浴是躬耕民族的一种生活情调，是一种生活的本真；这种崇尚自然、享受自然的古老民俗，不仅让长寿河畔居民保持着良好的卫生习惯，还是长寿的一个重要的社会心理因素。可在一些人的眼里，裸浴是一种无异于禽兽的陋习。

在一个让无数中国人心理负重了几千年的“性”字面前，巴马人保持着健康心理，在他们眼里，性不丑恶，不神秘，更不是洪水猛兽。但巴马严禁婚前性生活、严禁近亲或同姓结婚。裸浴时相距甚近，但不容杂泳。

也许是历史机缘的巧合，盘阳河流域又是巴马百岁寿星、长寿老人的聚居地。居民们因水而生，择水而居，在河里捕捞鱼虾，到河中畅游逐戏，裸浴洁身。寿星们神采奕奕的容颜，健壮的身体，是清亮明丽的盘阳河水浸泡出来的。所以有人说，盘阳河里流淌着一个奥秘，一个关于生命的奥秘、长寿的奥秘。

居住在盘阳河两岸的山民们，利用大自然提供的优越条件，天气炎热或劳作出汗后，就到河里降温洗浴。这是一种适应自然的生存智慧。知水性的人都知道，裸浴着实是一种非常惬意的享受。

如果说赤裸身子在河里冲洗，是一种快意的享受，更有利于健康，使得人们热衷于裸浴，那么在石山区的弄场里，滴水贵如油，喝的是集雨井水的居住环境，跟盘阳河两岸相比，简直可用天差地别来形容。可是一位101岁的百岁寿星、长寿老人韦乜拉，从青年时代，养成了一种生活习惯，即不管春夏秋冬，晴天雨天，坚持天天洗澡，大热天每天洗两次澡，三五天洗一次头，如今已经过百岁也从不间断，衣服鞋袜勤洗勤换。这一良好

图 31　裸浴盘阳河

的卫生习惯，使得她脸色红润、银发油亮，能健康地跨入百岁人瑞的行列。

盘阳河从盘古时代走来，它的本色本质，未受世俗欲念污染；干净的原野，尚存粗糙的蛮荒，为人们提供了回归自然的乐趣。当外地人走进巴马这块净土灵境里，追逐远古的梦迹和神秘，仿佛盘阳河这小小方寸之地，还沉睡在原始的混沌里。的确，现代的生活元素，是极为丰富的；人们把简单的生活，复杂化了，变得不再朴素。在这些人看来，盘阳河的确很原始。

从卫生的角度上讲，人体皮肤出汗和分泌出来的油脂，如不及时消除，就会混合形成汗泥污垢，堵塞毛孔，影响皮肤的正常功能，不利于体温的调节，影响生命活动的热平衡而生热病。在医疗水平低下的古代，这种热病不知夺走了多少不该早谢的生命。

洗澡不仅可以洗掉汗水、污垢，使皮肤清洁凉爽消暑防病，冲澡时的水压及机械按摩作用，可使神经系统兴奋性降低，体表血管扩张，加快血液循环，改善肌肤和组织的营养，降低肌肉张力，消除疲劳，改善睡眠，增强抵抗力，而且能起到锻炼身体的目的。

裸浴这种崇尚自然、享受自然的生活习俗，不仅只是卫生习惯的需要而存在，还构成了人与人、人与自然和谐的社会因素，一种有利延年益寿的社会心理。裸浴作为一种民俗文化，也必将随时代的变迁、生存条件的改变而发生变异。

通过知晓古风遗韵裸浴俗长寿养生游。经常洗澡，讲究卫生，预防疾病，提高健康水平。干干净净不得病。

良好生活习惯有利于长寿。“比一比，谁美?!”裸要裸出健康美来。

婚育习俗——宜节不竭

俗话说：“男大当婚，女大当嫁。”可是，巴马所略乡一带的瑶族（土瑶）却与众不同，是“女大当婚，男大当嫁”，别具一格。

这里的“女婚男嫁”特点，大体上有这么几个阶段。当男女青年都长到 18 岁后，就开始讲究修饰，梳装打扮一新，女青年秀美如花，男青年英俊潇洒。通过赶街、走亲访友、节假日唱山歌、打陀螺、抛毽子等方式，进行谈情说爱，互相了解，这是认识阶段。在认识基础上，双方互请到家做客，彼此进一步掌握对方为人、性格，家庭成员，家庭经济等情况。这是加深认识、了解、建立爱慕之情阶段。每逢农忙季节和节假日，女方总要请男方来帮助犁地、耙田、耕种、收割、盖房子等，这是考察对方勤劳能干还是好逸恶劳，是最关键的阶段。经过一两年的交往接触，双方产生了深厚感情，女方就偷偷买布，精心地打好精致的布鞋送给男方，男方收到信物后，就选择买手镯、头簪、戒指、耳环或手表等其中的一两件送给女方，彼此作为定情物，确定自己的心上人。但是，这些交往仍然是在秘密的条件下进行，属保密阶段。经过以上四个阶段以后，女方便请男方派老人带上几斤酒、糖等礼品来订亲，要求上门，将婚事公布于众。从这以后，女方就负责筹备一切嫁妆、床上用品、家具等。待东西备齐，女方就择日接男方过门。

“洞房花烛夜”，本应是小两口最幸福甜蜜之夜，但是，他们不是温柔同眠，而是把洞房的新床铺让给送亲的老人休息，享受女家的厚爱，新郎、新娘分别陪同青年男女唱山歌，谈情说爱到天明。

男嫁到女家即上门后，改用女方家的姓，作为女婿，在家庭成员中有同等的地位，共同享受财产，继承产权。在村寨里，分到同等的生产、生活资料，人缘好精明能干的，还可以当村干、寨主等要职。在社会上，与众一律平等，不受他人歧视。

瑶族上门，除直接在女方家当家不回一种外，还有另一种叫做上两边门，也就是两都住，耕种两边的田地，赡养两边的父母，享受两边的财产。第三种是倒回门，就是到女家住上若干年以后，又携妻带子回老家住。不论是哪一种，都是经过双方老人同意，夫妻共同商量决定的。男人上门好处很多。首先，婚事简办，结婚时，男方不办酒席，女方不向男方索取各种财物和彩礼，男方只象征性的拿少量礼品就成了；其次，破除了重男轻女的封建思想，从根本上彻底解除纯女户没有人赡养老人的后顾之忧；最后，上门女婿，自由恋爱，婚姻自主，思想基础好，感情深。瑶族的婚姻不怎么讲究年龄相当，而侧重于性格的默契。因此，凡是上门女婿很少有离婚的现象。

巴马有其独特的爱情婚姻生活，男女青年自由恋爱，新婚之夜夫妻不同房，女子新婚阶段不落夫家，待她们觉得自己“玩”够了，想要小孩了，才住到夫家去。当地政府考虑到这种民俗，特地为已婚妇女在娘家、夫家都留了一份口粮。

盘阳河流域，在恋爱上给年轻人提供了一个宽松而浪漫的环境，婚后，又有一种约定俗成的风俗，来制约人们不要放纵情欲，而是“凉水泡茶慢慢浓”，求的是一种长久的情爱。独特的婚俗，在心理和生理上，营造了一个适宜长寿的生活环境。新婚之夜不同宿，避免了过度劳累，符合健康需要；婚后不落夫家，自然形成了晚育；有节制的夫妻生活，很符合中医长寿养生的“欲不可绝”“欲不可纵”理论。

巴马人具有独特的婚姻习俗，巴马多长寿老人也与其“三晚”风俗有关：晚恋、晚婚、晚育。新婚之夜不同房，新娘婚后常住娘家，只有过年过节才团圆，婚后分居而住，分床而眠，“分居”不一定是夫妻关系不好，有些属于更健康！妻子怀孕后到了要生的时候，才到夫家落脚长住，但与丈夫分床而眠。看来，那种纵情声色的人生态度已经过时了，真正的时尚是回归传统，做一个从一而终的忠诚丈夫、贤德妻子。

通过了解婚育习俗长寿养生游，真正懂得严格而有规律地节制性生活，是健康长寿的必要保证。身体状况允许，那事也要慎慎，性生活宜节不宜竭，该走哪步就走哪步。妻妾成群的皇帝长寿的少。一些人，青年折腾，中年闹腾，老年扑腾；天天过年，夜夜结婚，时时灭亡。能长寿才怪呢！

厅堂备棺——笑对人生

在巴马农村，只要你走进有老年人的家，都会发现一道奇特的景观——家家户户摆放着棺材。这些堂堂正正摆放厅堂两侧或大门边的棺材，曾让许多初来乍到的外地人百思不得其解，一些人甚至大惊失色。

巴马自古以来兴土葬，老年人辛苦一生，临终只求死后有副棺材栖身长眠。所以，凡有年过花甲以上老年人的家庭，晚辈就要为老年人准备好“寿棺”。这种备棺习俗有几层涵义：1. 为老年人解除后顾之忧。备好了寿棺，老年人觉得死后有安身之所，精神上无忧无虑。这种心态有利于身心健康，从而延年益寿。这个习俗，与中国古代帝王一登基即兴建陵墓，其实是异曲同工。2. 说明老年人的子女有孝心。想老年人之所想，自然会得到邻里乡亲的赞誉。3. 吉兆辟邪。家中有棺材，寓喻儿孙升官发财，家道兴隆，人丁安康。这对老年人的身体健康，同样起到调节作用。

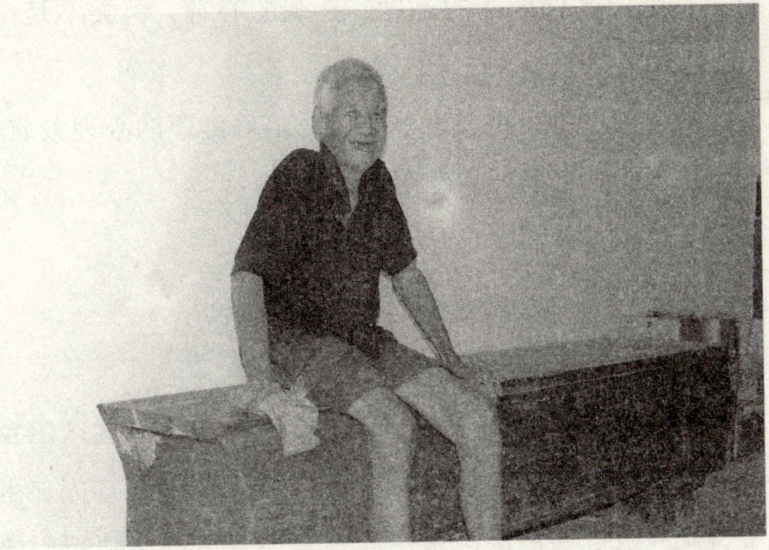

图 32　老年人坐在自己的棺材上说笑

常言道：树老根多，人老话多。老年人见多识广，幽默风趣。村里的年轻人喜欢到有老年人的家中聚集，听老年人谈古论今，讲故事，说笑话。来的人多，板凳不够用，自然就坐到棺材上。久而久之，棺材的面板就磨得光亮可鉴，好似一尊古董。老年人更是喜欢坐在寿棺上，和来客聊家常；有时干脆就躺在上面，伸个懒腰。天天和自己的寿棺打交道，习以为常，忘记生和死的界限，视阴阳为一理；生则坐在棺材上说笑，死则躺在棺材里长眠。这种豁达的态度、乐观的心理，何尝不是一剂长寿的秘方？

通过观厅堂备棺长寿养生游，培养健康的心理素质。神躁则形亡，即身心躁动则肉体消亡。

番瑶风情——心情愉悦

番瑶是瑶族的一个分支，主要居住在巴马县东山乡的卡桥、江团、长洞、弄山等地，总人口 5800 多人。由于自然、历史等原因，该民族现今还保留许多独特而浓郁的古老民族风情。

东山乡属喀斯特地貌，境内奇峰叠嶂，大山连绵，沟壑纵横。卡桥村巴根瑶寨因交通方便，环境优美，民

图 33　祝著节上的盛装瑶胞

图 34　打铜鼓

图35　射弩姑娘

风纯朴，是番瑶同胞逢年过节聚会的地方。寨子中央举行各种节庆活动，平时，成了寨里男女老少聊天娱乐的场所，对歌、斗鸟、纳鞋、绣花，欢声笑语不断。

寨子里一年中最热闹的当数一年一度的祝著节了。农历五月二十九这一天，巴根瑶寨可谓是人山人海，热闹非凡。瑶胞们家家户户杀猪宰羊杀鸡，煮五色糯米饭，酿制米酒合家团聚。酒足饭饱之后，男女老少身穿节日盛装，出门群集庆祝。人们三五成群，有的打铜鼓，有的随着铜鼓轻快鼓点节奏翩翩起舞，有的在油桐树林下斗画眉鸟，有的射弩比赛，有的吹奏悠扬悦耳的唢呐，有的三三两两唱细话歌，有的传杯递盏，唱祝酒歌，边唱边喝，边唱边笑，歌词诙谐，妙趣横生，不时逗得满场观众捧腹大笑，有的打陀螺，有的赛马，年轻的姑娘小伙子趁着这一天谈情说爱，寻找伴侣……庆祝活动持续到夕阳西下，方尽兴而归。

番瑶民族风情多姿多彩，令人陶醉，祝著节的活动欢快难忘，只有身临现场，亲自聆听，亲眼观看，才能感受其震撼的旋律、炽烈的情感。

通过在番瑶风情中长寿养生游，学习寿星们虽生活清苦，却始终乐观向上的精神，对生活充满希望，无限热爱生活。心情愉悦，情志舒畅，放大快乐，缩小痛苦。知足者常乐，善笑者长寿。

（四）红色之旅

走“红军路”——心灵洗礼

巴马瑶族自治县是右江革命根据地的重要组成部分，是邓小平、张云逸、韦拔群等老一辈无产阶级革命家工作和浴血奋战过的地方。从第1～3次国内革命战争及抗日战争，巴马的革命斗争从未间断，而且始终是右江根据地党政军领导机关所在地。在长期的革命斗争中，先辈们创造出无数光照千秋的伟大业绩，留下许许多多永不磨灭的印记。每一个印记、每一座丰碑，都鲜明地记载着巴马人民为革命不怕牺牲、前赴后继、英勇斗争的英雄事迹。

从县城往西山、弄京、弄烈至东兰武篆东里、江平的80多公里山路上，记载着中国工农红军第七军第二十一师，即后右江独立师，浴血奋战、英勇牺牲的战斗历程。第二十一师的事迹，在中国革命史上、中国军事史上，留下了光辉灿烂的一页。

从县城到西山的香刷洞是国家“两江风雷、右江红旗”红色旅游区的重要组成部分，“南征北战丹心碧血写青史，前赴后继勇士英魂化金星”，红星亭的楹联把我们带到当年那硝烟弥漫和激烈战斗的艰苦岁月……

肃立于百色起义领导人之一、第二十一师师长韦拔群（1893～1932年）牺牲地香刷洞的雕像前，“英雄义举惊天地，烈士壮怀垂古今”的情感从心底油然而生。

走红军路，瞻仰先烈，拜谒先烈，就是追寻红军的足迹，学习红军的精神，红军精神永远激励后代人。透过旧址上那些斑斑点点的痕迹，我们将感悟到他们为国献身的伟大情怀和崇高品质。

今天，我们沿着历史的足迹，回溯根据地军民当年艰苦卓绝的斗争历程，缅怀先烈们的伟烈丰功。虽然我们已看不到当年的滚滚硝烟，听不到当年的隆隆炮声，闻不到当年的血雨腥风，尝不到当年的酸甜苦辣，但是，透过字里行间，透过图片里斑驳的旧址遗物，我们可以想象他们当年为了广大人民群众的翻身解放、谋利益、过上幸福的生活，所处险恶的生存环境，极度匮乏的物质生活，想象他们饱满的革命斗志和浴血奋战的悲壮场景……

通过走红军路长寿养生游，作一次心灵的洗礼。不为生活而养生，也不为养生而生活。只有为社会做出贡献，作为自然界中的匆匆过客，才能把人生在地球上，留下“到此一游”的痕迹。要正确对待生命、生存、生活。

三　破译巴马

（一）世界最高寿及最高百岁率之谜

巴马大地蕴藏着许许多多的秘密，有着众多令人费解的谜团，去解读、破译这些谜底，将使你的长寿养生游变得更加难忘。来吧，这是一段有趣的关于生命奥秘的旅程，你将会获得意想不到的收益……

2010 年第 6 次全国人口普查数据显示，巴马 25.88 万人口中，健在的 100 岁以上老年人有 81 人，百岁长寿率达 31/10 万，居世界 5 个长寿区域之首，是联合国界定世界长寿之乡标准之一即百岁率达 7/10 万的 4 倍多。巴马属经济欠发达地区，医疗保健水平较低，却有那么高的百岁率，其原因众说纷纭，莫衷一是，令人咋舌，又令人费解。

清朝年间，巴马瑶民蓝祥寿达 142 岁，瑶民罗妈政 1990 年过世时 131 岁。是天地孕育了如此高寿的寿星，还是人间真有不老药？

（二）生命顶端幸福之谜

就像机器长期运转会磨损，人过了百岁，机体衰退，抵抗力下降，难免疾病缠身。纵览古今中外，众多百岁老年人生活不能自理，而巴马的百岁老年人却是另一番景象。据50多年的观察和记载，巴马的百岁老年人，绝大多数身体健康，抱病而终的只是极少数。多数人临终前仍能做些轻微的家务；他们中许多人从未进过医院看病取药，偶有病痛，也多是常见小疾，极少有人患癌症、心脑血管病、肠胃病等老年常见病。家庭里一般四代同堂，也有五代同堂、六代同堂的，老慈幼孝，家庭和睦，尽享天伦之乐；多数百岁老年人，当天傍晚还和儿孙们共进晚餐，生命征态如常，半夜里溘然而逝，平静、安详地走完一生。如此高的生命质量为世间少有，是什么让巴马寿星获得如此高的生命质量至今仍是未解之谜？

图36　五代同堂

图 37　黄牙文正在穿针

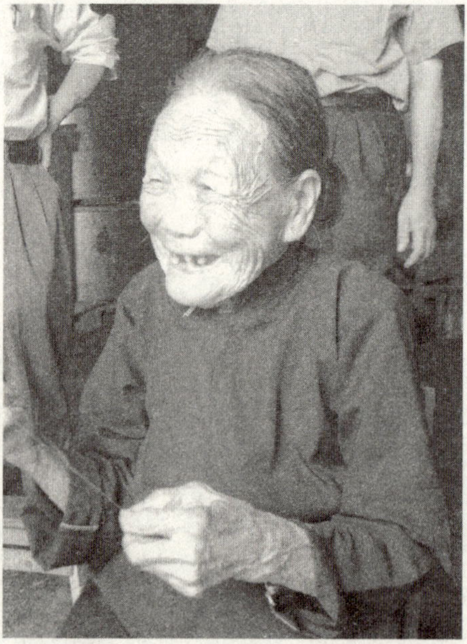

图 38　黄牙文穿好了针线

图 39　黄乜文做针线活

图 40　罗秀珍上山打柴

图 41　黄娅暖上山挑柴

图 42　韦汉儒 101 岁还是把劳动好手

图43 陶运海102岁在劈柴

图44 黄娅烈108岁在酿造长寿酒

图 45　黄凤兰 103 岁剪纸艺术炉火纯青

图 46　黄彩顺 100 多岁是当地最为出色的织布能手

图 47　梁增盈在写字

图 48　李先应一口气将旧体“三字经”一字不漏地背出

图 49　王云珠在看新闻

（三）古代寿匾成群之谜

清朝时期，广西地方大吏受皇帝之命，先后给巴马长寿老年人赠送不少面寿匾，如“惟仁者寿”“寿比冈陵”“春圃烟霞”等，既是巴马长寿现象源远流长的见证，也给世人留下了一个不解之谜。

“寿比冈陵”匾的主人名叫黄宏慕，男，壮族，生于乾隆庚子年（1780 年），巴马所略乡力那村那床屯人（清属田州府百色直隶厅辖），年逾耋寿。同治甲子年（1864 年），钦命广西学政为其题赠寿匾“寿比冈陵”。同治乙丑年（1865 年）十一月初六，黄宏慕殁于家中，享年86岁。

“惟仁者寿”匾现在保存于巴马县那桃乡平林村敢烟屯邓诚才第5代孙邓高云家中。匾用整块红木雕凿而成，长135厘米，匾内阳刻“惟仁者寿”4个大字，字体丰美，笔力遒劲；大字上方有一印章，中间满文，两边篆书；匾的右侧有一行竖写小字：“钦命广西全省提督学院冯为。”左侧一行小字是：“皇清光绪戊戌年仲冬月旦耆民邓诚才。”

邓高云说，这匾当时是许多骑着高头大马的人敲锣打鼓送来的。寿匾送到时，邓诚才已90多岁，但童颜鹤发，精神矍铄，尚能上山打柴、下地劳动。那天他亲自来到村口迎接寿匾，然后让儿孙挂于大门上。

地处偏远的巴马，古时交通不便，信息闭塞，长寿现象如何惊动朝廷？长寿老年人何以得到几个朝代皇帝的褒奖？

（四）自然养生神效之谜

自1995年上海退休工程师郑先生到巴马疗养康体取得神奇效果以后，前来巴马养生的人越来越多。到2007年底，全国32个省市自治区都有人到巴马长寿养生游。冬天，北方人南下到巴马是养生兼避寒；夏天，南方人到巴马是养生兼避暑。这种像候鸟一样随气候变化而变迁的人群，人们称之为“候人”。近几年来，巴马的“候人潮”越来越庞大。2008 年春节，竟有 400 多人放弃一年一度的与家人团聚的机会，继续在巴马与巴马人民共度春节。如果说在巴马疗养疗效神奇是引来越来越多“候人”的原因，那么带来这种神奇疗效的根源又是什么？其中奥秘有待进一步研究。

（五）山水生命文化之谜

盘阳河被称为巴马的长寿河、母亲河，其源头之一那社河，在那社乡小盆地的田垌上左拐右弯后潜入地下，其河流的形状就像草书的“命”字，十分逼真。流淌的盘阳河水五进五出于地下，在最后一道出水口——百鸟岩内的一块大石头上，又“刻”下了一个繁体的“寿”字。

在盘阳河的上游，一座“阴山”和一座“阳山”相对耸立，犹如一对男女生殖器，形象而逼真。龙洪河流经西山水垌村圆形盆地时，河道拐了两个弯，呈现出一个大S形，构成一个天然太极八卦图。还有龙田峭壁悬崖天然形成的“乐”“者”“寿”字，水晶宫内的“仁”“者”“寿”字，百鸟岩内的“善”“者”“寿”字，各自组合成“乐者寿”“仁者寿”“善者寿”……内容都与生命有关。

图 50　阴阳山

图 51　百鸟岩内的天然“寿”字

宇宙无边无际，天地间存在着各种各样、错综复杂的能量场，世间人事万物都在无声无息地享受这些能量场的恩赐。中华民族的先人把这种能量称之为“气”，并阐明这种无形之气“在天成象，在地成形”。

我们的先人还发现：人体与宇宙同构，天地是个大宇宙，人身是个小宇宙。天地分为阴阳，人体亦分阴阳，体内为阴，体表为阳；天地有五行，人体亦有五官、五脏；天分成十天干，表示一年地球绕太阳转一圈，人亦对应有十指；地分为十二地支，一年月亮绕地球十二圈，人亦对应有十二经脉。人体之气与宇宙之气可以交流，气在宇宙天地间回荡，气在人体经络中贯通运行。因此，中国古代的长寿养生哲学讲求天人合一，阴阳调和。人的任何生命活动都要与天地自然相和谐，才能达到强身健体、延年益寿。而在地球上，有些地方，山环水抱，藏风聚气，自然调和天体宇宙气场、地理环境气场和人体生命气场，从一形成就是长寿养生的风水宝地。

巴马这些神秘的自然现象，是造物主的无心之作，还是某种暗示?

四 感受巴马

（一）衣——体验适宜养生的服饰

巴马农村中的壮族，求寿心理表现形式多种多样，其宗教意识及求吉心理，旨在祈求益寿延年、长命百岁。其中，烙印在衣着上的求寿标志，就很有其个性特点，人生的不同阶段，求寿标志“寿”字的位置会有所不同，有从头到脚转移的规律。

小孩降生满月后，家人就要给小孩缝制一顶凉帽，正面用红颜色的丝线，绣上1个传统造型的“寿”字，旁边配以花草鱼虫的图案，祈求小孩健康成长、福寿泽长。这种凉帽不封顶，寓意小孩茁壮成长，只制成1个桶型的圆圈，主要护住小孩的前额、太阳穴、后脑等部位，以免伤风感冒。小孩两岁后，就不再戴这种帽了。

人到成年后，“寿”字便从童帽转到上衣。旧时多穿对襟上衣，纽扣以布结之，常用5排或7排扣子，俗称阴阳扣，即每个扣子按“寿”字一分为二，一半在左襟，一半在右襟，左开扣眼为阴，右结扣头为阳，左右对称，扣好扣子就组成1个完整的横置的“寿”字。女装的扣子跟男装一样，只是开襟为斜胸式，与男性直胸对襟有所区别罢了。这种“寿”结构的阴阳扣，很具有装饰效果，既美观大方，又寓喻吉祥，满足了人们求寿心理需求而广为用之。

人过60岁以后，就可以接受晚辈的“补粮”续寿了。这时，“寿”字便从上衣的扣位下移到鞋面，称为寿鞋。女儿、孙女在给父母、祖父母“补粮”时，做的寿鞋鞋面用红色的布料，用黑线锈上“寿”字，红底黑字，寓喻红颜永驻、黑发不老、寿比南山。

服饰是人类特有的文化现象，其样式、图案、花纹涵盖了礼仪伦常、求吉心理、审美观念，及自我意识等诸多层面的内容。巴马是少数民族聚居地，民族服饰绚丽多彩。在体现鲜明的地域特色和民族特色的同时，还附加有独特的求寿的元素符号，给巴马长寿现象背景下的服饰文化锦上添花，极大地丰富了巴马长寿文化的内涵。

人从出生到老年，各个时期在衣着上的求寿烙印，作为一种精神文化，是人们宗教、伦理、审美等观念的综合反映。巴马的长寿老年人，一生就是在这种浓重的长寿文化氛围中，在祈求长寿习俗的熏染下，戴寿帽，着寿衣，穿寿鞋，走过沧桑，走过百年的。

通过图符祈寿长寿养生游，体验适宜养生的服饰，有希望自己更长寿、更健康的意志。自我心理调适，自我心理平衡，自我创造良好心境。

（二）食——体验适宜养生的食物

巴马泉水

巴马位于广西盆地与云贵高原之间的斜坡地带，地势为西北部高，东南部低，海拔高度在220～1200米；西北部石山区系高峰丛深洼地喀斯特地貌，东南部为土坡区的中低山丘陵地貌。其间沟壑纵横，溪流密布，无山不涌泉，水资源比较丰富。

由于远古喜马拉雅造山运动，形成一条又长又深的断裂带，巴马正处于一条大型地质断裂带上；由于火山爆发，岩浆上涌，使断裂带充填了钙、镁、锌等有益人体健康的天然矿物质和强地磁场。巴马山泉水出水位置比较高，有的泉口高出河面110米，长年不断自然涌出，必然有补充水。它的补充水从地势很高的原生态无污染的地方，进入地下，入地前吸收阳光，入地后在断裂带中，在地下深层深、长、黑的环境中，远距离长时间缓缓运移，在矿物岩层中渗透过滤，被天然净化、矿化、磁化，历时数千年，在巴马原生态无污染的山区涌出，形成天然磁化弱碱性矿泉水，清澈透明，无致病菌，无沉淀物，无漂浮物，口感甘甜、清爽，可以畅快生饮，千百年历史证明泉水安全性高，常饮可使人健康长寿。

巴马优质的天然活性水，除了达到国家饮用水卫生标准外，还富含人体必需的诸多矿物成分，有益的矿物质补充人体微量元素，能活化人体机能，具有持久的活性，溶解力、渗透力强，快速进出人体细胞，及时给细胞输进新鲜营养，使肌肤润泽，提高人体的免疫力，帮助人体快速排出、排尽体内废物及毒素，清除人体自由基，防止细胞衰老，增强活力，从而祛病健体、健康长寿。

巴马优质的天然活性水，让无数到巴马养生的外来客，感受到了巴马水的神奇，并称之为“神仙水”。从全国各地来疗养的人都说：感冒、干咳、便秘、腹泻等病症，足量饮用巴马山泉水 2 天后，即见显著疗效，机体又重新恢复了活力；血脂高、血压高、血糖高、尿酸高、痛风、结石，乃至肿瘤、结核、疑难杂症等，长期饮用巴马山泉水，均有一定疗效。

水是生命之源，是构成人体的主要成分，约占人体重的 1/3，是维持人体正常生理活动不可缺少的营养物质之一。没有水，就不可能有生命；水的质量，决定生命质量的高低和寿命之长短。巴马长寿现象与水不无关系。巴马人祖祖辈辈，都在享用上苍恩赐给他们的健康水从而得以长寿；是水的独特品质，造就了这么一个闻名于世的长寿乡。

巴马能让这些外来客人重获健康，因素自然是多方面的，但水质是主要的因素。人们如果要问巴马为何有如此众多的长寿老人，问道于水即可知一二了。曾两次获得诺贝尔奖的莱纳斯·鲍林博士指出：“人类所有疾病均可源自矿物质的缺乏。”世界水文化研究会会长李复兴说：“现在全中国好的水资源越来越少，但是我国发现在广西巴马瑶族自治县至今还保留着无污染、无退化、充满生命活力、含有人体所需纯天然多种多样矿物元素的原生态健康水。”国家地质实验测试中心，测出巴马水中包含有30种能作定量分析的矿物元素。这就能说明巴马天然活性水是高质量的生活饮用水。饮之能使人健康且长寿，自是情理之中了。

像巴马一样拥有好的阳光、空气、地磁场的地方不少，但拥有巴马如此好的水质的地方，却是世间少有。巴马长寿老人多，百岁长寿率高居世界之首，主要得益于巴马独特地质结构条件下孕育的盘阳河水系。来到巴马的外乡人，啜着甘甜的泉水，置身于绿水青山之间，都由衷感叹造化之慷慨、天地之神奇。

通过饮用巴马泉水长寿养生游，体验适宜养生的食物。

火　麻

火麻，亦称汉麻，为一年生草本作物。6500 年前，中国就已经大量种植火麻，《易经》称火麻为“天木”。在历史上相当长的时期内，火麻主要用作工业原料，在世界各地广泛种植。有人认为，火麻起源于中国或中亚其他国家。那么巴马火麻的历史有多长？《巴马县志》只笼统地说“种植历史长，1946 年仅种植 2000 多亩”。20 世纪 80 年代，巴马火麻才开始扩种。

从古至今，巴马人传承着吃火麻的传统习惯。山里人并不知道火麻的药用功效，只是认为火麻味道清香可口，易于消化。在缺肉少油的年代，仅当油料补充人体营养而被普遍食用。

火麻是巴马最古老的珍贵传统油料作物，生长在大石山区，每年春季，农民在山区的石缝地里或玉米地撒播火麻种子，中间经过一、两次除草，秋季就有收获。巴马人种植火麻不用化肥和农药，处于野生状态，是纯粹的原生态食物，也是巴马长寿人群长期食用的健康食物。由于食用火麻的地方，百岁寿星、长寿老人比例也比较高，火麻也被称为长寿麻或长寿油。火麻是巴马的“三宝”之一。

巴马火麻本身具有不同于我国其他地区的火麻品种的特点。火麻蛋白中有近三分之二，是火麻特有的麻仁球蛋白，类似人体蛋白，容易被人体吸收，对人体有益；另有三分之一是白蛋白，与蛋清蛋白相似。

火麻仁是一种不可多得的食物与油料，含有丰富的蛋白质、不饱和脂肪酸，以及卵磷脂、亚油酸、亚麻酸、维生素 B_1、E 及钙、铁矿物质、人体必需微量元素等，是目前所有常见的食用植物油中，不饱和脂肪酸含量最高的，也是目前世界上，唯一能够溶于水的植物油，含脂肪油约 26%。经常食用这种特殊的油脂，可降低血压和胆固醇，防止血管硬化，提高心力储备，以达到延缓衰老的目的。

火麻仁性味甘平，归脾、胃、大肠三经，效用润燥滑肠，证治津亏肠燥：热病后期，或体质虚弱，以及老人、孕妇、产妇之便秘或习惯性便秘等。药物性能与黑芝麻相仿，但黑芝麻是养血益肾以治便秘，而火麻仁为润燥滑肠以治便秘。病后、产后、老人用之最宜。食之有润肠胃、滋阴补虚、助消化、明目保肝、祛病益寿之功效，防治“四高”疾病，即高血压、高血脂、高胆固醇、高血糖，便秘、肠胃病，预防动脉硬化、冠心病等。

火麻、葛根、木瓜等，都是中国卫生部公布的“药食同源”“药食两用”的医药保健食物。民间有谚语：

“贵州有天麻，广西有火麻。”天麻以入药为佳，火麻以入菜为上。

凡肠滑便溏、滑精、阳痿者忌用。

巴马民间主要食用品种：用火麻籽直接加工成火麻粥、火麻汤、火麻菜等系列火麻食物，火麻油，火麻保健品，火麻茶，火麻饮料等。

火麻益寿粥（糊）是巴马有名的长寿粥，其营养价值和味道极佳，是巴马长寿老人经常食用的主食。巴马百岁以上的寿星罗秀珍、韦妈有明、覃日安、向自等多人都说他们经常食用火麻粥才能长寿。

巴马民间主要食用品种：大米火麻益寿粥，玉米粉火麻益寿糊等。

特点及功效：清香可口。润肠胃、滋阴补虚、助消化、明目保肝、祛病益寿，可防治便秘、高血脂、高血压、糖尿病、肠胃病等病症。

火麻菜（汤）俗称“长寿汤”，是巴马民间养生保健的传统佳肴，素菜中的精品，长期食用能美颜健身，延年益寿。牙妈来、陈小灵、韦乜拉、覃卜能等百岁老人，都坦言是火麻菜（汤）使他们长寿。国内外专家经过研究以后，也认定食用火麻菜是巴马人长寿的重要因素之一。

食用时，巴马长寿老人一般只加少许盐，不加其他佐料。

特点及功效：清香可口，柔软清润，百吃不厌。火麻含有丰富的蛋白质、不饱和脂肪酸和卵磷脂、亚麻酸、维生素及钙、铁、矿物质、人体必需的微量元素等。火麻与时令蔬菜搭配成火麻菜（汤）以后，增加了营养成分，常吃润肠胃、滋阴补虚、助消化、明目保肝、祛病益寿，对便秘、高血脂、高血压、糖尿病、肠胃病均有良好的预防作用。

火麻芙蓉蛋是一款巴马长寿老人常做的荤菜，是养生佳品。

特点及功效：用料简单，经济实惠，物美价廉；嫩滑爽口，味道鲜美，沁人心脾。润肠胃，滋阴补虚，助消化，明目保肝，祛病益寿，对便秘、高血脂、高血压、糖尿病、肠胃病均有良好的防治作用。

火麻豆腐是取火麻的精华制成豆腐样，俗称“火麻豆腐”，是一款上乘的素菜养生食物，是巴马人做火麻菜肴中用火麻量最多的品种，也是火麻菜肴的精品之一，是巴马长寿人招待宾客的佳肴。

特点及功效：清爽可口，味道醇美。润肠胃，滋阴补虚，助消化，明目保肝，祛病益寿，可防治便秘、高血脂、高血压、糖尿病、肠胃病等病症。食之有病可以治病，无病可以防病健身。

通过食用系列火麻品种长寿养生游，体验适宜养生的食物。

珍珠黄玉米

在巴马的大石山区，世代都种植一种传统玉米品种，这种玉米颗粒小、圆且硬，色泽金黄透亮，形似一颗颗晶莹的黄色珍珠，寿乡人美其名曰“珍珠黄玉米”。

珍珠黄玉米耐旱耐寒，生长期长，适宜在具有独特气候和特殊土质的大石山区生长，是其他地方已经灭绝的一个优质传统品种。

珍珠黄玉米，没有施用农药和化肥，不受任何污染。它营养丰富，蛋白质含量高，含不饱和脂肪酸、赖氨酸、镁、纤维素、胡萝卜素、微量元素等。经常食用，不但产热量低、易于消化，能使大便畅通，而且还能增强人的脑力，有益于健康和美容，同时还具有抗衰老和抗癌、防癌的作用。用珍珠黄玉米制成的食物，当地群众称之为“长寿粥”或“黄金食”，是百岁老人们一生中的主食。巴马百岁寿星、长寿老人中没有一例癌症患者与常食这种玉米食物、不无关系。

巴马民间主要食用品种：玉米粒，玉米头，玉米面，巴马黄金粥，玉米糊等。

玉米粥是巴马长寿人的主食，是巴马百岁老人天天食用的健康养生食物。不少国内外专家在巴马开展长寿研究中，都认定常吃玉米粥，是巴马人长寿的因素之一。

巴马人烹制玉米粥的方法多种多样，各地做法不尽相同，味道也有区别，常见鲜嫩玉米粥、老玉米嫩煮和普通玉米粥三种烹制方法。

特点及功效：这三款玉米粥所用玉米原料不同，所以味道略有区别。第一款嫩滑爽口，更香甜；第二款虽然使用干玉米，但同样鲜嫩；第三款取材方便，直接购买玉米粉就可以烹制，也同样具有玉米的醇香。

图52　兰卜理——百岁寿星、长寿老人在煮玉米粥

饮食是维系人类生命质量的第一要素，在不同地域、不同环境、不同物质条件的人类活动空间，都会派生出不同的饮食文化特征。这些特征制约和影响着生命的质量和寿命的长短。我们审视巴马长寿老年人的日常生活，尤其是他们的饮食，当中就有以粥食为主的生活习惯。

世界长寿乡考察团团长、国际自然医学会会长森下敬一医学博士，通过对巴马实地调查后，称巴马是粥食长寿乡。他认为巴马位于北纬20°以上的南方亚热带，天气比较热，人体水分蒸发量较大，需要大量补充水分，所以食粥是一种很好的对策。

然而，食粥在中国南方算是普遍现象，并非巴马寿乡所独有；而长寿现象恰是特殊的现象，食粥就能长寿的说法，显然不能成立。巴马的粥食文化与长寿现象有什么必然的联系？巴马长寿乡的粥食文化个性特征又是怎样呢？要在这普遍现象下，分离出巴马粥食与长寿现象关系的特征。那还得看一看巴马长寿老年人的粥食与别处粥食的区别，才能对粥食长寿乡的粥食文化差异有全方面的认识，并给人们以多元化的思考空间。同种物质，另类品质，正是笔者所要告诉读者的。

世界五大长寿之乡的主食就是玉米，并不是自然的巧合，而是很有科学依据的。玉米是粗糙纤维食物，也是低热量食物，能量不高，纤维粗，能增加肠道快速蠕动，有益于食物综合消化吸收，及时排出体内各种毒素。

巴马是石山区，过去耕地面积少，产量低，粮食收入自然就不多，如果都食干饭，粮食就不够吃。嫩鲜玉米粥是粥族之王，养命之食，是巴马地区每年青黄不接时，山民们的主食。为了预防粮食断档，山民们就采取一种节约用粮的办法：除一些节日，平时就选择食粥，以饱腹为原则。这是一种为了生存的办法，久而久之，粥食变成了寿乡居民的饮食习惯。

巴马那桃乡平林村，居民家家户户、祖祖辈辈，都用这种方法熬玉米粥。历朝历代都是百岁人瑞最多的地方，如今全村4700多人口，竟有30位90岁以上的老年人健在，高龄老年人的比例为全县最高，是巴马名副其实的长寿文化发祥地。

通过食用系列珍珠黄玉米品种长寿养生游，体验适宜养生的食物。

各类粥

南瓜粥是巴马长寿人群的一款传统家常饭，同时也是一款长寿养生佳品。

南瓜粥以南瓜和玉米粉或粳米为原料。巴马人巧妙地用南瓜与玉米或粳米煮成粥，既改善口味、增加营养价值，又经济实惠，有时既可当饭，又可当菜。

巴马民间主要食用品种：玉米南瓜粥，大米南瓜粥等。

特点及功效：色泽橙黄诱人，味道香甜可口。含蛋白质、瓜氨酸、精氨酸、麦门冬素、胡萝卜素，维生素A、B_{12}、C，果胶、纤维素、锌、铁等。果胶能调节胃内食物的吸收速率，使糖类吸收减慢；还能和体内多余的胆固醇结合在一起，使胆固醇吸收减少，血胆固醇浓度下降。可溶性纤维素能推迟胃内食物的排空，控制饭后血糖上升，有“降糖降脂佳品”之誉。补中益气、清热解毒、通便利尿、保护胃黏膜、帮助消化、防治糖尿病、降低血糖、消除致癌物质、促进生长发育等。适用于脾虚气弱、营养不良、肺痈、水火烫伤等症。

红薯粥是巴马民间传统的饭食，是长寿人群最喜欢的饭食之一，更是一款上等的养生食物。巴马人把红薯与玉米或大米煮成粥，作为主食经常享用，既使红薯更加美味可口，又有利于健康和养生。

巴马民间主要食用品种：红薯玉米粥，红薯大米粥等。

特点及功效：

1. 明代大医药学家李时珍《本草纲目》：“白薯蒸、切、晒、收，充作粮食，称为薯粮，使人长寿少病。”红薯性味甘，无毒，补气虚，益力气，健脾胃，强肾阴，通乳汁，宽肠胃，下便秘。

2. 红薯含有大量的黏液性蛋白物质。这种多糖蛋白质的混合物，能保护人的呼吸道、消化道；保护骨关节，润滑和消炎；保护心血管系统，防止动脉粥样硬化。

3. 红薯含有大量的维生素 A、B 族、C、E。能防止体内产生有害的过氧化物；防止和减少老年斑、延缓衰老的出现。

4. 红薯含有大量的纤维素。可吸收胃肠中较多的水分，润滑消化道，通便；将肠道内过多的脂肪、糖、毒素排出体外，降脂。

5. 红薯能中和体内因过多吃肉食和蛋类所产生的多余的酸，保持人体酸碱平衡。

6. 红薯含有大量的淀粉、果胶、蛋白质、氨基酸及亚油酸、多种矿物质等。这些成分和以上成分可减少和消除人体中的过多胆固醇，防治高血压等心脑血管疾病、肠胃疾病、眼科疾病等。

7. 经常吃红薯可以延年益寿。增进人体健康，防止疲劳，使人精力充沛；促进人体胆固醇的代谢，减少心血管疾病的发生；提高人体免疫力，预防肾和胶原性疾病发生；维护动脉管壁的弹性，防止心血管脂肪沉积，降低动脉硬化的发生率；减少皮下脂肪堆积，防止肝肾结缔组织萎缩。

8. 红薯是抗癌能手。抑癌率高居果蔬抑癌之首，薯属寿之物。

9. 红薯叶也可以吃，可治疗湿疹、毒虫螫伤、夜盲症、疱疹、叮痛及食物中毒等。

精米面，薯来换；忌薯柿，同时餐；忌吃薯，皮黑斑；忌一次，吃薯满；忌红薯，吃太单；忌晚上，把薯餐；忌忽视，薯之仙。

煮汤粥是巴马民间一种非常古老的传统习俗，也是寿星们的家常饭，同样是一款养生食物。

所谓汤粥，是巴马人在宰杀家禽家畜时，将动物一锅煮，取其肉汤煮粥的统称。

巴马民间主要食用品种：混合汤粥，单汤粥。通常有全羊粥、狗骨粥、鸡肉粥、鸭肉粥、鹅肉粥等。

特点及功效：味道鲜美，营养丰富；同时，动物肉做成白切食用，既保持了动物本身的营养和原汁原味，又免去一些诸如油炸之类的烹制方法。

豆腐粥是巴马农村的一味养生食物，是盛夏款待宾客的美味佳饮。其制作方法简单，普通家庭都可以烹制。巴马的百岁老人中，大多数都以此粥作为夏季的主食之一。

特点及功效：嫩滑爽口，味道鲜美。清热解暑，补充营养。

饭豆粥是巴马民间的传统饭食，也是长寿老人们喜欢的饭食，以饭豆、豇豆、大米、玉米、小米为原料。巴马的先民们将高营养价值的豆类食品，与米类科学配伍做成粥，提高了粥的美观性和营养价值，是一款将高营养结合在日常膳食中的养生食物。

特点及功效：饭豆和豇豆均含脂肪、蛋白质、糖类、烟酸、氨基酸，维生素 A、C，生物碱等物质，健脾、和中、益气、化湿、消暑。常吃可治疗脾虚兼湿，食少便溏，湿浊下注，妇女带下过多，暑湿伤中，吐泻转筋等症。

粥一般以五谷杂粮为原料，合水熬制而成。谷类多含有蛋白质、脂肪、糖类、多种维生素和矿物盐等营养物质，经慢火久熬之后，质地糜烂稀软，甘淡适口，很容易被消化吸收，是一种理想而方便的食品。宋代大诗人陆游诗云："世人个个学长年，不悟长年在目前，我得宛丘平易法，只将食粥致神仙。"神仙吃什么？原来喝粥呀。

一碗温热的稀饭最为滋润胃肠，且极易吸收。食粥的确比较有利营养吸收，也有利于人体水分的补充，巴马粥食长寿乡即是最好的说明。特别是老年人，食粥有利于解除老年便秘造成的痛苦。越老越往小了活，烹调时应多加注意。

喝粥可以治病，养生长寿、祛病延年方法，有许许多多，而粥疗简便易行，又行之有效。每周都要粥。但不要人人都喝粥。粥虽说对人体有益，也不可通用。要根据每人的不同体质、疾病，选用适当的原料，配制成粥方可达到满意的效果。糖尿病患者要少喝粥，喝粥会引起血糖急剧上升。

通过食用各类粥长寿养生游，体验适宜养生的食物。

各类植物叶苗

南瓜苗是巴马人最喜欢吃的蔬菜之一，每年春末至秋初，巴马人的餐桌上，每天至少都有1个南瓜苗菜。

据说，北方人不吃南瓜苗，南瓜苗是用来喂猪的，这使他们少了一道口福。其实南瓜苗是一道上好的养生佳肴，巴马的百岁老人，没有哪个不喜欢它。

巴马民间主要食用品种：多种多样。比如，加入肉沫、豆腐、其他佐料和用鸡肉或猪肉做成高汤的南瓜苗汤，素炒南瓜苗，肉炒南瓜苗，瓤南瓜花，南瓜苗火麻菜，南瓜苗火麻汤等。

特点及功效：味道鲜美，柔软嫩滑，鲜嫩可口，风味独特。富含叶绿素及多种人体必需的氨基酸、矿物质和维生素等。常食之，对糖尿病、动脉硬化、消化道溃疡等多种疾病均有一定的疗效。

红薯叶是巴马的传统菜肴，民间自古就用红薯叶加工成各种菜肴。不管用红薯叶与什么配伍，炒出的菜肴都是养生佳品。

巴马民间主要食用品种：素炒红薯叶，酸笋红薯叶，红薯叶炒肉片，香菇红薯叶等。

特点及功效：色泽碧绿如翡翠，清香味美，软滑可口。性味甘平，清热解毒，滋肾润肺，健脾胃，益气力等，治疗湿疹、毒虫螫伤、夜盲症、疱疹、叮痛及食物中毒等。

椿芽炒蛋是巴马人春季常做的养生菜肴，也是长寿老人喜欢吃而且常做的荤菜。

特点及功效：味道芳香。含有维生素 E、微量元素等，味苦，性寒，醒脾健胃理气，清热解毒，利尿，滋阴补阳，抗抑衰老。

巴马人长寿无疑与其饮食有关。不论是食物中毒、蛔虫病等食源性感染疾病，还是高血压、冠心病、糖尿病等生活方式非感染性疾病，病因都与吃有关，都是从嘴进去的。巴马饮食讲究原汁原味和绿色、多样，利用食物木身具有的色、香、味促进食欲，少吃油腻食物。烹制食物大多以蒸、煮、炖为主，极少爆、炒、煎、炸。

饮食有五低二高的特点，即低热量、低脂肪、低动物蛋白、低盐、低糖，高维生素、高纤维素。所用原料包括调味、调色原料多是本地野生或民间种养，因而色、香、味别具一格。

把超过身体需要的，包括吃的绝对多、吃的相对多、吃的不平衡的高脂肪、高胆固醇、高动物蛋白质、高热量、高盐分、高糖分降降。吃的绝对多，是指吃的多；吃的相对多，是指虽然吃的并不多，但每个人对食物的需求不一样，对于自己是多了；吃的不平衡，是指虽然吃的不多，同时对于自己也不多，但各营养素之间比例失衡。嘴要严管管，饭菜要淡淡，吃盐要点点（<5克/天），食油要控控，脂类要低低，粗细多换换。这些都要从小时侯做起。

通过食用各类植物叶苗长寿养生游，体验适宜养生的食物。

各类野菜

云耳菜是巴马百岁老人常吃的一款高级素菜。在采访百岁老人时，就有好多百岁老人说吃云耳有好处，其中百岁老人李善兴就说他因为常吃云耳和野菜所以能长寿。可见云耳菜是一款长寿养生佳品。

云耳也叫黑木耳，是木耳类中质地最柔软，味道最鲜美，营养最丰富的一种，在巴马大部分地区都有野生，也有部分农民人工栽培种植。

巴马民间主要食用品种：多种多样。比如，云耳羹，云耳骨头汤，云耳炒肉、炒菜，凉拌等。

特点及功效：富含铁元素，常吃养血驻颜，肌肤红润，容光焕发，防治缺铁性贫血；含维生素K，维持体内凝血因子的正常水平，防止出血；含胶质，把残留在人体消化系统内的灰尘、杂质吸附集中起来排出体外，清胃涤肠；化解胆结石、肾结石等内源性异物；帮助消化纤维类物质，对无意中吃下的难以消化的头发、谷壳、木渣、沙子、金属屑等异物有溶解与烊化作用，是矿山、化工和纺织工人不可缺少的保健食物；含抗肿瘤活性物质，增强机体免疫力，经常食用防癌、抗癌。

蕨菜在巴马还有别名叫章谷、龙头菜、如意菜或光棍菜，享有“山珍之王”的美称，是巴马人常吃野菜中的一种，也是一种最具保健美容功效的绿色健康养生蔬菜。

巴马各地盛产蕨菜，多生长于所略、局桑高山区，巴马人的祖先早就知道蕨菜的药用价值和食用价值。因此，民间就有采吃蕨菜的习惯。

巴马民间主要食用品种：素炒蕨菜，凉拌粉蕨，蕨菜炒鸡丝，香菇蕨菜，蕨菜汤等。

特点及功效：鲜嫩细软，余味悠长。含有维生素 C、钾、钙、磷、铁、锰、铜、锌等多种物质，常吃补充均衡营养，对细菌有一定的抑制作用，清热解毒，清肠排毒，增加食欲，减肥去脂，健身美容，延缓衰老，祛风湿，利水道，驱虫，治疗脱肛及抗肿瘤等。

注意：蕨菜性味寒凉，脾虚寒者不宜多食。

苦麻菜别名又叫苦菜、活血草、小苦荬、苦丁菜，为菊科植物。巴马各地都生长苦麻菜，巴马人也知道苦麻菜的药食两用价值，民间流传用苦麻菜做成各种菜肴食用。

巴马民间主要食用品种：什锦苦麻菜，苦麻菜鸡蛋饼，凉拌苦麻菜等。

特点及功效：性苦、寒，无毒。苦麻菜嫩幼苗含蛋白质、脂肪、粗纤维、糖类、胡萝卜素，维生素 B_1、B_2、PP、C、E，钾、钙、铁、锌、磷；还含有 17 种氨基酸，其中精氨酸、组氨酸、谷氨酸含量最高，占氨基酸总量的 43%；另含有蒲公英自醇、甘露醇、蜡醇、胆碱、酒石酸等多种成分。清热解毒，消暑保健，凉血，杀菌消炎止痢，防治贫血、癌症。主治痢疾，黄疸，血淋，痔瘘等病症。

注意：脾胃虚寒者，忌食苦麻菜。

鱼腥草植物名叫蕺菜，别名狗贴耳、臭菜，三白草科植物。

识别特征：多年生草本，高30~60cm；茎下部匍匐地面，节上生根，上部直立，有时略带紫红色，全草有鱼腥气味，故称“鱼腥草”；叶互生，常为阔卵形，叶面暗绿色，背面紫红色，基出五脉，叶柄基部鞘状抱茎；花小，淡黄色，穗状花序顶生，或与叶对生，长约2cm；果近球形。

《名医别录》中对它的概述为：“生湿地，山谷阴处亦能蔓生，叶如荞麦而肥，茎紫赤色，江左人好生食，关中谓之。菹菜，叶有鱼腥气，故俗称鱼草”。

生长环境：喜生于塘边、沟边潮湿处。主产于长江以南，河南，陕西亦有分布。

巴马人很早就认识到了鱼腥草的功能和药用价值，所以有用鱼腥草入药和做成菜肴、茶水等传统习惯。这个巴马长寿人群喜欢享用的野菜，是春夏季餐桌上的一道佳品，是一款上等的养生食物。

巴马民间主要食用品种：多种多样。比如，凉拌鱼腥草，鱼腥草炒鸡蛋等。

特点及功效：酸甜浓香，清淡爽口。含有碳水化合物、膳食纤维、维生素A、胡萝卜素、维生素C、钙、磷、钾、钠、镁、铁、锌、铜、锰等营养成分，其特有的鱼腥味挥发油中，含月桂烯等抗菌成分，槲皮甙有扩张血管、增加肾血流量的作用。性味酸辛微寒。清热，解毒，利水，排脓消痈，抗菌、抗炎、抗病毒、抗肿瘤，防辐射，增强机体免疫功能等，常吃对各种炎症如上呼吸道感染、乳腺炎、蜂窝组织炎、中耳炎、尿路感染、肾炎水肿、肠炎、痢疾等，肺脓肿、疮疖肿毒等均有疗效。

苋菜是巴马人常吃的有保健功能的野菜之一。

巴马民间主要食用品种：苋菜大蒜粥，素炒苋菜，野苋菜蛋汤，凉拌苋菜，苋菜炖豆腐等。

特点及功效：含蛋白质、碳水化合物、钙、磷、胡萝卜，维生素 A、C、B，核黄素、苋菜红甙、棕榈酸、亚麻酸、不饱和脂肪酸等多种物质，嫩茎叶的营养和药用价值都很高，维生素 C 含量比柑橘还多，钙质含量大约比菠菜高 4 倍。清热解毒，补血止血，收敛止泻，通大小便，治疗目赤肿痛、牙痛、咽痛、痢疾便血、湿热腹泻、子宫颈炎、产后腹痛及大小便不通等症。食之可增强人体免疫功能，增强抗病、防病能力，抗癌，润肤美容，降低胆固醇，对冠心病、高血压、动脉硬化等病症，也有很好的保健疗效。

马齿苋别名瓜子菜、马齿菜，马齿苋科植物。

识别特征：一年生伏地肉质草本；茎淡紫红色，全株味酸；叶互生，肉质，紫红色，形似瓜子，长1~2cm；花小，黄色，腋生或顶生；蒴果，椭圆形，从中部开裂，内有多数黑色种子。

生长环境：多生于村旁、路边、田园等潮湿处。全国各地均有野生。

巴马人祖先早就知道马齿苋药食价值，民间流传采马齿苋嫩茎叶做成各种菜肴食用。

巴马民间主要食用品种：马齿苋粥，马齿苋炒鸡丝，马齿苋猪肝汤，马齿苋芡实瘦肉汤，马齿苋炒鸡蛋，马齿苋绿豆汤，糖醋马齿苋，凉拌马齿苋等。

马齿苋粥特点及功效：清热去湿，解毒消肿，消炎，凉血，健脾胃，止渴，利肠，通淋利尿，滑胎，助产。

马齿苋炒鸡丝特点及功效：健脾益胃，解毒消肿，对疮疖肿毒，小便不利等病症有治疗作用。

马齿苋猪肝汤特点及功效：细嫩清香，味道鲜美。益肝明目，宽中下气，适用于肝血不足、夜盲、身体疲乏等病症。

马齿苋芡实瘦肉汤特点及功效：清热解毒，祛湿止带，适用于湿热下注、小便短黄、口渴口苦、痢疾等症。

马齿苋炒鸡蛋特点及功效：清热解毒，止泻痢，除肠垢，益气补虚，可用于治疗胃肠炎引起的痢疾。

马齿苋绿豆汤特点及功效：清凉解毒。

糖醋马齿苋特点及功效：驱虫，用于小儿钩虫病。

凉拌马齿苋特点及功效：含蛋白质、脂肪、糖类、粗纤维、钙、磷、铁、铜、胡萝卜素，维生素 B_1、B_2、C，去甲基肾上腺素、钾盐、二羟乙胺、苹果酸、多种氨基酸和有机酸，香豆素、蒽、醌甙等化学成分，可促进溃疡愈合、胰岛素分泌及抑制痢疾杆菌、伤寒杆菌、大肠杆菌、皮肤真菌及癌细胞生长，收缩血管，还含有对心血管有保护作用的 w-3 脂肪酸，治疗细菌性痢疾、急性肠炎、阑尾炎、乳腺炎、鼻出血、痔疮出血、糖尿病、心脑血管疾病等。性味酸寒。清热、解毒、利湿、凉血、散瘀、降压、利尿、利肠、杀虫，对湿热滞肠、下焦湿热、肠寄生虫、血郁热毒等有疗效。

注意：马齿苋为寒凉之品，脾胃虚弱、大便泄泻及孕妇忌食。同时忌与胡椒、鳖甲同食。

荠菜别名菱角菜、地菜、鸡翼菜，十字花科植物。

识别特征：一年生或二年生草本，略有白毛；基生叶有不规则羽状深裂，裂片有锯齿，茎生叶不分裂，常为矩圆形，基部下延抱茎；花小，顶生或腋生，白色；短角果，三角形。

生长环境：喜生于沟边、路旁、菜地、原野中的潮湿处。产于我国各地。

荠菜为药食两用，是巴马长寿人群喜爱的一种野菜。

巴马各地都有食用荠菜的习惯。

巴马民间主要食用品种：多种多样。比如，荠菜炒鸡肉，荠菜豆腐汤，荠菜鸡蛋汤，苦瓜荠菜猪肉汤等。

特点及功效：性味甘淡微凉。凉血、止血、清湿热、明目、利水，含荠菜酚、乙酰胆碱、氨基酸、黄酮类等成分，对于产后子宫出血、月经过多、肺结核咯血、肾结核尿血、感冒发热、麻疹、肾炎水肿、乳糜尿、肠炎腹泻、高血压、泌尿系统结石等病症，都有很好的保健疗效。

红背菜又名紫背菜、红番苋、血皮菜、木耳菜，巴马各地均有野生，一些地方也有人工栽培，是巴马民间经常食用的野菜，是一种有益于人类健康的保健蔬菜。

巴马民间主要食用品种：素炒红背菜，红背菜蛋汤等。

特点及功效：脆嫩可口，特殊香味，清香扑鼻，风味独特。凉血，去虚火。据《全国中草药汇编》中记载：红背菜有治咳血、血崩、痛经、血气亏、支气管炎、盆腔炎、中暑、阿米巴痢疾和外用创伤止血等功效。据福建农科院试验中心测试，红背菜含有粗蛋白质、抗坏血酸和铁、铜、锌等多种微量元素，还含有黄酮甙成分，无毒，有延长抗坏血酸和减少紫癜的作用，对恶性生长细胞有中度抗效。

人参菜可作药膳两用。巴马各村寨的房前屋后、路边道旁，凡肥沃一点的土地，都生长着茂盛、鲜嫩的野生人参菜。这是一款长寿人群经常食用的野菜，更是一款较好的养生食物。

巴马民间主要食用品种：素炒人参菜，人参菜排骨汤，凉拌人参菜根等。

特点及功效：柔软多汁，质地细嫩。含有丰富的蛋白质、脂肪、钙、维生素等营养物质，清热解毒，通乳汁，消肿痛，补中益气，润肺生津等，可辅助治疗气虚乏力、体虚自汗、脾虚泄泻、肺燥咳嗽、神经衰弱、乳汁稀少等症。

野芹菜是巴马民间传统常吃的野菜之一。

巴马民间主要食用品种：素炒芹菜，凉拌芹菜，作配菜与肉同炒等。

特点及功效：平肝降压，安神，利尿，抗癌防癌，补铁补血，中和尿酸，促进性兴奋等。

人吃单一食物是不能维持身体健康的，因为有些必需的营养素，如一些必需脂肪酸、氨基酸和某些维生素等，不能由其他物质在体内合成，只能直接从食物中取得。而自然界中，没有任何一种食物，含有人体所需的全部营养素。因此，为了维持人体的健康，就必须把不同的食物搭配起来食用，在平时的饮食搭配上，应根据食物的性质和作用合理调配，做到因时、因地、因人、因病之不同的辨证用膳。当食物搭配得当时，可提高食物保健强身和防止心脑血管疾病的功效，防止实者更实、虚者更虚而导致阴阳失调，这也是避免机体早衰，保证机体正气旺盛的重要条件之一。

经常采吃野菜，可以弥补家常蔬菜中缺乏的营养，弥补家常蔬菜中得不到的维生素和矿物质，同时野菜又是提供膳食纤维的很好来源，野菜纤维对于预防直肠癌、糖尿病、冠心病、胆结石、痔疮等疾病都有好处。

现代科学研究表明，不少野菜具有药用价值，可以预防和治疗某些疾病。

巴马居民从大自然的绿色食物中，摄取了丰富的营养，保障长寿基因在大山深处的延续。古往今来，巴马之所以寿星云集，百岁者众，除了良好的自然环境之外，食物的多样性和原汁原味，也是健康长寿的支持因素之一。

绿色食物的多样性，食物种类纷繁博杂。食全食美，食不过量。吃东西时，该讲究的地方，一定要讲究；不该讲究的地方，一定不要讲究。

通过食用各类野菜长寿养生游，体验适宜养生的食物。

各类菜

合家菜是巴马各地普遍喜好的清凉素菜，是巴马所有长寿人群都经常食用的家常菜，原料丰富，随处可以选用，家家户户都能烹饪，是一款独特的长寿食物。

合家菜的主要原料是黄豆、青菜，凡属青菜类即可使用，但巴马长寿老人以芥菜、南瓜苗、苦麻菜为首选，卤料有多种原料可供选择，是五蓓子、酸汤叶、野生葡萄、酸梅、醋酸或石膏的其中一种。黄豆是五谷之一，其营养价值丰富，素有“豆中之王”之称，被人们叫做“植物肉”“绿色的乳牛”。干黄豆中含高品质的蛋白质约40%，为其他粮食之冠。而青菜和卤料基本上都是碱性食物，含有多种维生素和微量元素，均是较好的养生食物。将它们有机地合成菜肴，是难得的养生食疗方。

合家菜因多种绿色食物经酸激活而成，同时又是大众喜爱的食物，俗称“合家菜”。

巴马民间主要食用品种：合家菜，合渣菜等。

煮熟后，巴马长寿老人一般不加任何佐料，部分人只加少许食盐。

特点及功效：原汁原味，清香可口，易于消化，爽口解暑止渴，老少皆宜。常吃可以防治冠心病、高血压、动脉粥样硬化等疾病，长肌肤，益颜色，填精髓，增力气，补虚开胃，益气养血，健脾宽中，健身宁心，清热解毒。

豆腐圆是巴马民间的传统菜肴，是一款人人钟爱的养生食物，更是一款寿乡人款待宾客的佳肴。因用豆腐做皮，多种原料做馅，包成圆状，故称豆腐圆。

豆腐圆主要以豆腐、鸡肉、黑木耳、香菇、西红柿为主原料，豆腐、鸡肉都含有高品质的蛋白质和多种维生素、多种氨基酸和微量元素；黑木耳被营养学家誉为“素中之荤”和“素中之王”；香菇素有“菇中之王”“蘑菇皇后”“蔬菜之冠”的美称；西红柿则是蔬菜中的上品。将这些健康的养生食物，通过有机混合烹制成圆状食物，寓意家人团圆、朋友团圆、宾朋团圆。

特点及功效：味道鲜美。营养价值高，益气强身，益智安神，滋肾补肝，消食健胃，清热解毒，活血美容等。

扣南瓜是巴马人待客时常做的南瓜菜，主要为了讲究美观。平时家庭食用老南瓜，蒸、煮都可以，熟了就吃，一般不加任何佐料。

特点及功效：解毒，通便利尿，保护胃黏膜，帮助消化，防治糖尿病，降低血糖，消除致癌物质，促进生长发育等。参见南瓜粥的特点及功效。

南瓜子炒蛋是巴马民间的传统菜肴，也是长寿人群常吃的食物，南瓜子与鸡蛋做成菜肴后，其味道、营养和药用价值更加丰富，是一款上好的养生佳品。

日常生活中南瓜子多是炒熟后做零食。巴马人过去在物质比较贫乏的年代，用家家户户都有的南瓜子，巧妙地与鸡蛋组合做成菜肴。

特点及功效：富含脂肪，其中不饱和脂肪酸、亚油酸和泛酸含量丰富，还含有南瓜子氨酸、蛋白质，维生素 B_1、C 等。亚油酸可有效地降低血糖，是糖尿病患者的良药；不饱和脂肪酸与植物性蛋白，降低血液中胆固醇，预防动脉硬化等心脑血管疾病；使前列腺保持良好功能，预防前列腺炎和前列腺癌；泛酸缓解静止性心绞痛，降压；杀灭血吸虫幼虫和有效地驱除绦虫，驱虫而无毒性。

芭蕉芋粉丝也叫旱藕粉丝，是用芭蕉芋薯块加工取其精淀粉，经蒸熟切片晒干而成的。芭蕉芋粉丝是巴马民间传统的风味食品，是老百姓餐桌上常有的菜肴，也是人们年节常备的年货和走亲访友的礼品之一，更是一款不错的养生食品。

巴马民间主要食用品种：牛肉粉丝，瘦肉粉丝，火锅粉丝等。

特点及功效：低热量食物，不含脂肪和胆固醇，常吃减肥和抗癌。

红薯粉丝是长寿人群餐桌上常有的席上佳肴，也是一款上好的养生食品。巴马自古以来就喜欢种植红薯和享用红薯，红薯既可作主食，又可当蔬菜，民间把红薯粉丝当作一种风味食物。

巴马民间主要食用品种：多种多样。比如，牛肉粉丝，瘦肉粉丝，火锅粉丝等。

特点及功效：参见前述的红薯粥的特点及功效。

魔芋豆腐是巴马人根据制作豆腐的原理，将魔芋磨浆浸泡除毒，并加工成豆腐样子来食用。巴马各地山沟里都有野生魔芋。一直以来，魔芋豆腐成为巴马民间的传统佳肴，也是一款上好的养生佳品。

巴马民间主要食用品种：多种多样。比如，配上喜欢的佐料单炒丝片，与肉、蛋做成各种菜肴等。

特点及功效：魔芋中的纤维素促进胃肠蠕动及润肠通便，把肠道中的有毒物质迅速排出体外，防止便秘，对结肠癌、痔疮、胃病、食道癌、肺癌、静脉瘤、糖尿病等有辅助治疗作用；减少体内胆固醇积累，防治高血压、动脉硬化。

巴马长寿老人经常食用的蔬菜品种十分丰富：家种蔬菜、野生蔬菜、豆类、笋类、瓜类等五大类几十个品种。其中，家种蔬菜包括大白菜、芥菜、红薯叶、南瓜苗、萝卜、西红柿等；野生蔬菜包括雷公根、水厥菜、白花菜、鸡汤菜、藤藤菜等。尤以鸡汤菜最为神奇，罗秀珍老人称之为，能让人返老还童的山珍。这种野菜由于产量少，只有在清明前后亲临巴马，才能一饱口福。

通过食用各类菜长寿养生游，体验适宜养生的食物。

各类主食

巴马分为石山区和丘陵土坡两类地区，食物结构也分为两大类别：石山区的主粮是玉米，丘陵土坡的主粮是大米。

从食物种类上分析，巴马长寿地区与非长寿地区并无多大差别，可是为什么别的地方没有出现如此集中的长寿现象，而巴马却有这么多的百岁寿星、长寿老人呢？长寿村的人吃的并不是什么山珍海味、猴头燕窝，而是自然生长的玉米、南瓜、黄豆、野菜等。人们不禁要问，以玉米、黄豆、土豆为主食的地区很多，为什么那些地方的人们没有如此长寿呢？奥秘就在于大自然，吃的是同种食物，但品质不同。

野生淮山炒饭是巴马农村的一款养生饭食。

特点及功效：性味甘平。补脾，养肺，固肾，益精，止泻。对脾虚泄泻、食少水肿、肺虚咳喘、消渴、遗精、带下、肾虚尿频等症有疗效。

清明黄花饭是巴马一道传统的饭食，是长寿老人们每年春天必吃的一道舒心饭。

黄花是巴马山区每年开得最早的鲜花。每年初春，大地仍在微寒，其他草木尚未出现生机，黄花却已在枝头绽放，想必它一定是先于其他植物感受并汲取到了天地的灵气。因此，巴马人将它与糯米或粳米做成黄花饭，一方面是为了在清明时节敬宗祭祖，另一方面是为了享受春天的气息。更重要的是，它还是一款上好的养生食物。

特点及功效：柔软，芳香，味美。清凉解毒，保护肝功能，增强免疫力。

巴马长寿老人经常主粮和杂粮、蔬菜和豆类混食。主食以粗粮为主，主粮是大米和玉米。黄豆、饭豆、竹豆、豌豆、绿豆、猫豆等豆类是第二主食。杂粮是红薯、毛薯、芋头、豆类及瓜类。

通过食用各类主食长寿养生游，体验适宜养生的食物。

巴马香猪

巴马香猪是一个具有悠久的饲养历史、稳定的遗传基因、品质优良而珍贵稀有的地方小型肉猪品种。巴马是香猪原产地，猪种是当地农民用本地猪种长期近亲繁殖、野地放养而形成的。早在宋朝便成为皇室贡品，明清时期还飘洋过海，远销南洋。

1995 年 3 月，巴马被国家农业部特产经济专业委员会命名为“中国香猪之乡”。2000 年，巴马香猪被列入《国家级畜禽品种资源保护名录》。2001 年度列入国家种质资源保护计划。2002 年 6 月 11 日，广西壮族自治区质量技术监督局发布了《巴马香猪》地方标准。2005 年 10 月，巴马香猪产品获得首批国家地理标志产品保护品种。2006 年 1 月，巴马香猪证明商标成功注册。

图 54　巴马香猪 -1

巴马香猪外貌特征主要表现为两头黑、中间白，部

图 55　巴马香猪 -2

分个体背腰部稍带黑斑，额头有白线或倒三角型白斑，毛色黑白相间，体型短小，个小体圆，小巧玲珑，脚矮骨细，娇憨逗人，俗称“两头乌”“芭蕉猪”“冬瓜猪”。

巴马香猪举世闻名，皮薄肉细，胴体精瘦，肌肉鲜红，肌纤维细嫩，脂肪洁白，味美甘香，营养丰富，烹调时不添加任何佐料也香气扑鼻，素有“一家煮肉四邻香，七里之遥闻其味”之美称，而被誉为猪类的“名门贵族”。因其骨细皮酥，肉质细嫩，外地人食之甚感鲜香，故传名为“香猪”。1982 年载入《广西家畜家禽品种志》时，正式命名为“巴马香猪”。

近年来，巴马瑶族自治县顺应人们求营养、保健、长寿的潮流，更加重视巴马香猪的生产，采取基地保种、建立商品香猪生产基地等一系列措施，扩大巴马香猪生产规模。目前，全县用于商品生产的繁殖母猪数已达到5万余头，每年可生产合格的商品香猪10万头以上。

巴马民间主要食用品种：白切香猪，双色香猪，香猪拼盘，腊香猪等。

所谓**双色香猪**，是将金黄色的烤香猪肉和白色的白切香猪肉，放在一起的香猪拼盘，是巴马人利用传统加工工艺，保持巴马香猪的原汁原味和营养价值，用现代加工工艺，增加了香猪肉的色、香、味，将两者相结合，科学地加工巴马香猪肉，是巴马香猪菜肴中的精品，也是一款具有巴马特色的养生佳品。

腊香猪是传统的高档美食和养生食物。

特点及功效：清香鲜美甘甜，独特山野香味，肉质细嫩，多吃不腻，骨头酥软，皮薄肉脆。营养成分全面，与其他猪相比，具有高蛋白、低脂肪、低热量，卵磷脂、谷氨酸、钙、磷及多种微量元素含量丰富，蛋白质含量高达21.8%，高于普通猪31.1%～70%；脂肪低，仅占普通猪的18.86%～28.10%，热量也较低，是普通猪的60.85%～76.1%。钙磷含量和比例几乎与鸡蛋完全一致；富含人体必需的氨基酸和微量元素，且含量普遍高于普通猪，其中谷氨酸的含量是普通猪的226%。含有一种丰

图 56　巴马双色香猪

富的不饱和脂肪酸的特殊物质，具有多种药理性，使血管内皮细胞合成的抗炎物质增多，使血小板形成的血栓素 A_2 减少，预防血栓形成，有较强扩张血管的活性，对美容和保健有特殊效果，对预防心血管疾病有独特功效，非常适宜制作老年食品，完全符合人体生理需要和健康需求。

没吃上香猪肉，等于没到巴马。通过食用巴马香猪长寿养生游，体验适宜养生的食物。

巴马油鱼

巴马油鱼学名叫巴马穗唇鲃，生活在盘阳河的甲篆乡坡月村百魔洞到巴马镇练乡村这一段10多公里的河段里。巴马油鱼自古就有，是一种特殊珍稀鱼种，喜群栖，体型长而圆，重50g左右，小巧玲珑，青额绿头，黑背，白肚，两肋细鳞银亮，跃出水面时似闪电雷光。

图57　巴马油鱼

巴马油鱼，顾名思义，入锅煎时不用放油，文火煎到一定时候，自行出油，也不粘锅，并且只生活在盘阳河巴马境内。巴马油鱼有“一家煎油鱼，十家闻鱼香”的说法。是一款难得的养生食物。

盘阳河的下游——红水河也有油鱼，但红水河油鱼却不是巴马油鱼。在外观上，红水河油鱼与巴马油鱼区别不很大，巴马油鱼个头小一些，红水河都安、大化一带的油鱼个头大一些，有的大一倍，身长超过20cm。在口感方面，巴马油鱼比都安、大化的油鱼更加鲜、嫩、脆。

来巴马旅游的客人，都慕名想找巴马油鱼品尝，有“不尝巴马油鱼，不算到过巴马”之说。但能否吃到巴马油鱼，要看客人的运气。因为巴马油鱼一直处在自然条件下繁殖，产量很低。特别是近些年来，巴马油鱼到了濒临灭绝的境地。近几年来，从盘阳河里捕捞到的巴马油鱼，每天只有10公斤左右。为了保证稳定的油鱼价格，油鱼捕捞人全部定点为巴马县城和甲篆旅游景区的各饭店酒楼提供油鱼，市场上基本没有巴马油鱼出售。想吃到巴马油鱼，还得提前到饭店酒楼定购。

巴马油鱼的珍稀早就引起广西区政府的高度重视。1982年自治区科委曾在甲篆乡进行巴马油鱼繁殖试验，但是，由于种种原因，未获得成功。从2004年起，自治县畜牧水产局与广西大学动物科学技术学院，又开始对巴马油鱼的繁殖试验，取得了较大的进展。一旦试验成

图 58　煎巴马油鱼 -1

图 59　煎巴马油鱼 -2

功，将会有更多的世人，享受到巴马油鱼这个独特的养生佳品。

巴马民间主要食用品种：煎巴马油鱼。

特点及功效：油溢于唇而不腻，鲜嫩甘美，鳞皮醇脆，味道醇香，鱼骨细如丝，不需吐骨。富含不饱和脂肪酸和人体必需的氨基酸，营养价值极高，有“水下人参”之美称。常吃滋阴，健脑，健体，补钙。

通过食用巴马油鱼长寿养生游，体验适宜养生的食物。

麻　鸡

“无鸡不成宴”，客至巴马，席间少不了麻鸡 1 只。该鸡躯体小，呈椭圆，成鸡不足 1.5kg。

巴马民间主要食用品种：白切鸡，脆皮鸡，炖鸡等。

特点及功效：肉质坚实，味甘甜，口感极佳。麻鸡为优质的蛋白质来源，蛋白质中富含全部必需氨基酸，含磷、铁、铜、锌，富含维生素 B_{12}、B_6、A、D、K 等。去皮鸡肉低热量，脂类物质和牛肉、猪肉比较，含有较多的不饱和脂肪酸——油酸和亚油酸，能够降低对人体健康不利的低密度脂蛋白胆固醇，含有对人体生长发育有重要作用的磷脂类。性味甘温。温中益气，补精添髓，健脾胃，活血脉，强筋骨。对营养不良、畏寒怕冷、乏力疲劳、月经不调、贫血、虚弱等症有很好的食疗作用。胸脯肉中含有较多的 B 族维生素，恢复疲劳，保护皮肤；大腿肉中含有较多的铁质，改善缺铁性贫血；翅膀肉中含有丰富的骨胶原蛋白，强化血管、肌肉、肌腱。

鸡屁股是淋巴最集中的地方，也是储存细菌、病毒和致癌物的仓库，应弃掉不要。

通过食用麻鸡长寿养生游，体验适宜养生的食物。

黑山羊

黑山羊是巴马东山、西山等大石山区特产，个子小，体型结实，特别灵活，善登山攀石，以吃石山上的珍稀百草为主，为天然牧养，早上待露水蒸发后放出，下午在夜雾降临前归家，不给羊吃有露水的青草，自然繁殖。阉羊养上 3 年也不过 50 kg。巴马人以黑山羊招待宾客作为最高礼遇，羊瘪又是黑山羊食谱中的极品。

巴马民间主要食用品种：白切羊肉，粉蒸羊肉，扣羊肉，羊瘪，全羊汤等。

特点及功效：肉质细嫩、鲜美，可口，无膻臊。脂肪及胆固醇含量比猪肉、牛肉低；钙、铁、磷等元素，硫胺素、核黄素、尼克酸等维生素，及矿物质含量丰富，

图 60　黑山羊

含糖量低。性味甘温热，补气滋阴，暖中，开胃；补虚劳，补精血，益气力，壮阳道。对虚劳体弱、形气痿弱、阳痿有疗效。适宜胃寒、气血两虚、体虚、骨质疏松者。可当做冬季进补品。高血压、感冒、肠炎、痢疾患者忌吃。全羊汤味鲜，香辣，浓醇，不膻。

通过食用黑山羊长寿养生游，体验适宜养生的食物。

马　肉

马肉是巴马人特别喜欢吃的一种食物。

巴马民间主要食用品种：火爆马板肠，马排骨，马肉炒饭，马扣等。

特点及功效：含有丰富蛋白质、维生素及钙、磷、铁、镁、锌、硒等矿物质，恢复肝脏机能，防止贫血，促进血液循环，预防动脉硬化，增强人体免疫力；马肉脂肪的质量优于牛、羊、猪的脂肪，其含有的不饱和脂肪酸可溶解掉胆固醇，使其不能在血管壁上沉积，预防动脉硬化。易消化吸收，老少咸宜。适宜气血不足、营养不良、腰酸腿软之人，动脉硬化、冠心病和高血压患者，老年人食用。孕妇、痢疾、疥疮者忌食。不宜炒食。猪肉与马肉相克，忌同食。

通过食用马肉长寿养生游，体验适宜养生的食物。

山茶油

山茶油既是当地群众必不可少的生活食用油之一，也是巴马人多长寿的秘决之一，是原生态、高品质的山茶油，当地群众称之为“长寿宝油”。巴马是广西山茶油的主要产区，也是全国有名的山茶油产区之一。目前全县种植山茶树 36 万亩，年产茶籽约 2 万吨，产茶油 5000 吨。

巴马民间主要食用品种：山茶油毛油即指未精炼的

茶油，精炼山茶油等。

特点及功效：保持山茶口味、香气、维生素和性质的天然汁液，黄而清亮，纯正清香。我国特有的木本油脂，其脂肪酸组成与世界上公认的最好的植物油脂橄榄油相似，有“东方橄榄油”之美称。含有不饱和脂肪酸高达90%以上，油酸达到80%～83%，亚油酸达到7%～13%，均高于橄榄油，并富含蛋白质和维生素A、B、D、E等，不含黄曲霉素等致癌物质。

1. 改善血液循环。山茶油是唯一从木本植物果中榨取后，能直接食用的植物油。是最典型的单一不饱和脂肪酸，有效保护心血管系统，防止动脉硬化以及动脉硬化并发症、高血压、高血脂、心脏病、心力衰竭、肾衰竭、脑出血等；降低胰岛素拮抗性糖尿病因代谢而引起的疾病的出现率。

2. 促进消化系统功能。提高胃、脾、肠、肝和胆管的功能，预防胆结石，对胃炎和胃十二指肠溃疡有疗效，通便，降低胆固醇水平。

3. 增强内分泌系统功能。提高生物体的新陈代谢功能。健康人食用山茶油后，体内的葡萄糖含量可降低12%，目前山茶油已成为预防和控制糖尿病、肥胖症的最好食用油。

4. 强化骨骼系统功能。促进骨骼生长，促进矿剂的生成和钙的吸收，防治骨质疏松。

5. 预防癌症。山茶油中的脂肪酸有抗氧化物作用，并含有微量元素，防止乳腺癌、前列腺癌、结肠癌、子宫癌。

6. 防辐射作用。山茶油增强防辐射功能，被用来制作宇航员的食品。

7. 抗衰老。含有的抗氧化剂维生素 E，防止脑衰老，延年益寿。

8. 保护皮肤。含有维生素 E 和抗氧化成分，保护皮肤，防止皮肤损伤和衰老，使皮肤具有光泽。

在巴马民间，人们在传统的饮食习惯中，十分注重茶油对人体的营养保护作用：孕妇在孕期食用茶油增加母乳，对胎儿的正常发育十分有益；婴幼儿及儿童食用茶油可利气、通便、消火、助消化，促进骨骼等身体发育；老年人食用茶油可以去火、养颜、明目、乌发、抑制衰老、长寿健康。

通过食用山茶油长寿养生游，体验适宜养生的食物。

黑　豆

黑豆产于巴马燕洞、所略两乡的五弄片，是长寿老人常年食用的油料食物之一。比一般的黄豆营养更丰富。

巴马民间主要食用品种：油料，菜肴，作滋补品炖药。

特点及功效：颗粒乌黑闪亮发光。性味甘平。益阴利水，养血除风，除烦解毒，补脑、补血、补气、补肾壮阳、明目、乌发。对阴虚血亏、头晕神疲、经水不调、消渴等有疗效。

各类汤茶

羊瘪汤是巴马民间的特色菜肴，是巴马劳动人民在生活实践中，总结和打造出一款看似不可思议，但却蕴含科学养生道理的食物，是巴马餐桌上最具特色的益寿延年汤。

“羊瘪”是壮语羊屎的意思，但羊瘪汤不是取真正的羊屎来做，而是取出羊的重瓣胃来加工制成，重瓣胃装的是草食动物通过反刍磨细草食后，尚未被消化吸收的草食物，其实是用羊食用百草后，经消化系统初步加工制成精华，但还没有来得及消化吸收的那部分，而且巴马人选择做羊瘪汤的羊，只选择在大石山区野地放养、自由采食山上百草，日吃百草，夜饮甘露，不喂其他饲料的健康肥壮的活羊。所以说，巴马人的祖先选择羊的重瓣胃来做羊瘪汤，是取草食动物的精华，蕴含着科学的养生之道。千百年来，巴马农村宰羊，一定做羊瘪汤。一家做羊瘪汤，村上的男女老少都来吃，常有男女老幼拿碗携盆排队分瘪的热闹场景。

巴马民间主要食用品种：羊瘪汤，羊肉蘸羊瘪汤当酱等。

特点及功效：味美香浓，微苦回甜，增进食欲。补肾壮阳，健胃活络，益肠，补血，清火，预防高血脂、高血压。

龙骨花又名霸王花、量天尺或剑花，巴马老百姓叫观音莲，属于仙人掌科植物。盛产于巴马大石山上的一种野生花卉，是巴马的名贵特产之一。

巴马民间主要食用品种：龙骨花干品煲猪脚汤，龙骨花干品煲猪骨汤等。

特点及功效：味道鲜美可口，清甜芳香。是极佳的清补汤料。清热润肺、除痰止咳、滋补养颜。对治疗脑动脉硬化，心血管疾病有明显疗效；还可治疗燥热咳嗽、咯血、颈淋巴结核。

饭前喝汤，胜过药方，苗条健康。喝汤不仅可以饱人口福，而且对心脑血管疾病患者大有裨益。各种汤品是我们所吃的食物中，最富营养又最易于消化的品种之一，还可用来防病、治病。喝汤可润滑消化管，补充消化液，使胃部充盈，避免进食使胃短时间增容，影响胃

图 61　野生龙骨花

肠消化功能，饭前少上点“润滑剂”对增加饱腹感、减少主食的摄入有益。

茅根茶是巴马世间常用的消暑茶，也是巴马长寿人群常喝的保健饮料，是一款不错的养生食疗方。

茅根，植物名叫白茅，别名茅草、甜根草，禾本科野生植物。

识别特征：多年生草本，茎直立，高约 1 米；叶似水稻但较硬，线状披针形，边缘粗糙；花序呈圆柱形，长 5～20cm，有白色丝状毛；地下根茎匍匐横走，白色，有节，节上生须根，味甘甜。

生长环境：多生于山坡、荒地，尤能在瘠薄土地上生长。茅根全国各地均产，巴马各地盛产茅根，所以很早就有挖茅根做茶的习惯。

巴马民间主要食用品种：新鲜白茅根茎煎泡，干白茅根茎煎泡等。

特点及功效：含多量蔗糖、葡萄糖，少量果糖、木糖及柠檬酸、草酸、苹果酸等物质，还有21%的淀粉。性甘寒。凉血，止血，清热，利尿，透疹。清肺胃之热，并能导热下行；味甘而不腻，性寒而不伤胃，利水而不伤阴；尤以热证而有阴津不足现象者，最为适用。对热病烦渴，咯血，衄血，呕血，尿血，肺热喘急，胃热哕逆，尿路感染，肾炎水肿，淋病，小便不利，黄疸，口舌生疮等病症有疗效。

金银花茶是巴马民间传统药用茶，是一款上乘的养生佳品。

金银花，植物名叫忍冬，别名双花、二宝花，巴马当地人叫银花、金花或金藤花，忍冬科植物。

识别特征：缠绕藤木，茎左缠，中空，多分枝，老枝暗红色，嫩枝有毛；叶对生，卵形至长卵形，长3～8cm，宽1.5～4cm，嫩叶有毛；花成对腋生，故称“双花”“二宝花”；花冠长管状，初开时白色带有紫斑，具香气，后变黄色，故称“金银花”。

生长环境：喜生于丘陵、山谷、路旁、村边灌木丛中。全国各地均有分布，巴马山区盛产金银花。

每当夏秋季来临，山上开满清香扑鼻的黄白金银花时，一些老百姓就在晴天清晨露水刚干时上山采集，并及时晾晒或阴干，再用晒干的金银花泡茶。

巴马民间主要食用品种：金银花干品沏泡。

特点及功效：性味甘淡凉。解热解毒，抗菌，抗病毒，抗炎，抗真菌，降低胆固醇，增强免疫功能。

车前茶是用车前草制成的，巴马的先民们早就有饮用车前茶的习惯，部分长寿老人也在身体不适时，喝车前茶养生。

车前草，植物名叫大车前，别名车轮菜、钱贯草、蛤蟆叶，车前科植物。

识别特征：多年生草本，幼苗多伏地；叶根生，阔卵形，下延成长柄，长 5 ~ 15cm，宽 3 ~ 9cm，基出掌状脉 5 ~ 7 条；穗状花序，长 6 ~ 12cm，花细小；果卵形，长约 3cm，有种子 8 ~ 16 颗。

生长环境：喜生于洼地、田边、村前屋后和菜地。产于我国大部分地区，在巴马各地的田边地角，荒山野岭，房前屋后，到处都生长着。

巴马民间主要食用品种：车前草全草鲜品或干品煎泡。

特点及功效：性味甘淡寒。清热去湿，利水通淋，凉血，解毒，明目，止咳化痰，对尿路感染、尿路结石、肾炎水肿、感冒咳嗽、支气管炎、肠炎腹泻、高血压、腮腺炎、口舌生疮、急性黄疸型肝炎等均有一定疗效。

雷公根，植物名叫积雪草，正名叫崩大碗，别名落得打、灯盏草、破铜钱，巴马当地人叫章钱（壮语）、田根菜、马蹄菜，伞形科植物。

识别特征：多年生匍匐草本；茎纤细，节上生根；叶片圆形或肾形，直径1.5~4cm，基部凹心形，如缺口的饭碗，所以叫“崩大碗”；花紫红色；果扁圆形。

生长环境：喜生于草地、田埂、沟边低湿处。我国南方各省均有分布，在巴马各地均有野生。

长期以来，巴马人与雷公根有不解之缘，是夏日民间必不可少的菜汤。巴马长寿人群中，几乎人人吃过雷公根，是一款不错的养生食品。

巴马民间主要食用品种：多种多样。比如，雷公根汤，雷公根茶等。

特点及功效：清凉，微苦。含有比较丰富的胡萝卜素，维生素 B_1、B_2、C 等。性味甘凉，清热利湿，解暑止渴生津，解毒消肿，对湿热黄疸，感冒，扁桃体炎，咽喉炎，支气管炎，尿路感染，中暑腹泻，砂淋血淋，痈肿疮毒，跌扑损伤等症有疗效。

野菊花茶是巴马民间传统饮品，是一款保健养生佳品。

野菊花，别名野黄菊、苦薏，菊科植物。

识别特征：多年生草本，高30～60cm，茎基部常匍匐，上部多分枝，稍有毛，揉之有香气；叶互生，卵形，长4～6cm，羽状不规则分裂，裂片每边2～3个，边缘有尖齿，两面均有毛；头状花序单生，花黄色，中央为管状花，外围有一列舌状花。

生长环境：喜生于丘陵、旷野、路旁及灌木丛中。我国各地都有野生。

巴马民间主要食用品种：干野菊花沏泡。

特点及功效：性味苦凉。含菊醇、野菊花内酯、氨基酸，维生素A、B、微量元素等多种活性成分。清热，祛风，解毒，消肿，凉血，明目，降压，对金黄色葡萄球菌、白喉杆菌、链球菌、绿脓杆菌、痢疾杆菌、真菌、流感病毒，均有抑制作用，对外感风热、流感、百日咳、急性化脓性炎症、高血压、咽喉肿痛、疖疮肿毒、小儿痱毒、乳痈等均有疗效。鲜品捣烂外敷用于疮疡疖肿、毒蛇咬伤、跌打损伤。

葫芦茶是巴马民间传统饮用的野生茶。巴马先民很早就知道它的药用价值，将其制成保健茶，用于养生。

葫芦茶，别名葫芦叶、田刀柄，蝶形花科植物。

识别特征：小灌木，高1~2米；枝常披散，三棱形；叶互生，椭圆状披针形，通常长5~10cm，有一个带翅的叶柄，形似葫芦；花淡紫色，长在枝顶或叶腋；花后结细长有5~8个节的豆荚。

生长环境：生于田边、路旁、丘陵、坡地草丛中。主产于我国南方各地，巴马各地荒坡、低丘陵地草丛中均有生长。

巴马民间主要食用品种：干葫芦茶全草煎泡。

特点及功效：性味甘苦微凉。清热解暑，利水消滞，杀虫防腐，常喝对感冒发热、咽喉肿痛、预防中暑、肾炎水肿、黄疸、肠炎腹泻、肺病咯血、风湿关节痛、妊娠呕吐、小儿疳积、钩虫病、疮疥等均有一定疗效。

九节茶植物名叫草珊瑚，别名接骨莲，巴马当地人叫九节风，金粟兰科植物。

识别特征：常绿小灌木，高可达1米余，光滑无毛；茎单生或丛生，绿色，节膨大成膝状；叶对生，有短柄，椭圆形至卵状披针形，长6~15cm，中部以上有疏齿，齿硬而向叶背反卷；枝顶开黄绿色小花，芳香，集成穗状花序；结球形小果，熟时红色。

生长环境：喜生于山沟溪谷边、疏密林中之潮湿地带。主产于长江以南各地，巴马丘陵地区的山沟、溪谷、林阴湿地有生长。

巴马民间主要食用品种：干九节茶全株煎泡。

特点及功效：清香甘甜。性苦平。活血，散瘀，接骨，对各种炎症性疾患、劳伤咳嗽、风湿痹痛、跌打损伤、肿瘤等症有防治作用。

《生草药性备要》：煲水饮，退热。《分类草药性》：治一切跌打损伤，风湿麻木，筋骨疼痛。《峨嵋药植》：叶，可止呕吐。《陆川本草》：接骨，破积，止痛。治跌打骨折，损伤肿痛，风湿骨痛，烂疮，毒蛇咬伤。《湖南药物志》：通经。治产后腹痛。《闽东本草》：健脾，活血，止渴。消肿胀，治产后外感，寒热往来，头身疼痛，口渴，肿胀。

巴马民间早就知道九节风的药用功能，除入药外，老百姓采来泡茶喝，是一款具有保健和治疗功能的养生茶。百岁老人杨牙会及家人就常喝这种茶。

巴马甜茶植物名叫牛白藤，别名大叶龙胆草、土加藤，茜草科植物。

识别特征：藤状灌木，高3～5m；老枝圆形黄色粗壮，幼枝四棱形；叶对生，卵状披针形，长4～10cm，宽2.5～4cm，背面有毛，叶嚼之有甜味；花白色，细小，密集；果小，球形，顶部突出，直径约3㎜，形似石榴。

生长环境：喜生于山谷、坡地、林下、灌木丛中。甜茶在我国南部和西南部均有分布，巴马甜茶特指在巴马东部丘陵地区生长的一种野生甜茶。

巴马民间主要食用品种：巴马甜茶沏泡。

特点及功效：甘甜可口，既有糖的甜味，又有茶的甘味。含有黄酮、多种氨基酸、茶多酚、硒等多种微量元素、维生素和活性药效成分，降压消脂，降糖护肝。性味甘淡凉，清热解暑，祛风除湿，抗癌变、抗过敏、抗衰老等。长期饮用，可增强细胞活力，促进新陈代谢，提高免疫机能，延缓衰老，对降压、分解脂肪作用显著，对防治中暑、感冒咳嗽、腰腿痛、风湿性关节炎、痔疮出血，疖疮痈肿、糖尿病、痛风、皮肤湿疹、带状疱疹等有一定的辅助效果。

巴马甜茶是一款“药”“茶”两用的保健佳品。巴马民间流传自制甜茶，喝甜茶。

巴马农村的茶品均为本土所产的土特产，如僚刀竹、九节风、甜茶、野生白毫茶，及每年端午节当天上山采集的百草茶，自采自制自用，顺手捡来，不花一分一毫，经济实用。巴马老年人均无茶瘾，平时喝茶主要是为了保健的需要。

巴马农村居民饮茶，只是礼仪上需要的一种习俗。中青年人一般都不饮茶，但村寨上谁家有红白喜事，主家必备一大锅的茶水，给每位来客献上一杯茶，表示主家欢迎客人的到来。逢年过节才饮茶。大锅煮茶，大碗喝茶，没有都市的那种文雅。正是茶文化存在本质上的差异，才造就了一个独特的长寿之乡。

尽管茶对人体非常有利，饮茶的好处有很多，但若过多或不适当地饮茶往往会带来许多不良后果，它的不良反应值得注意。茶的利弊各半，关键看怎样喝，喝的时间、方法、条件等对了，可规避风险。

通过食用各类汤茶长寿养生游，体验适宜养生的食物。

各类调味品

酸笋是巴马民间传统制作的酸味食物，老百姓家家户户都用的调味佳品。城乡多数家庭都备有酸笋缸，每年腌制十来斤甚至几十斤。家里没条件腌制酸笋的家庭，也经常到市场购买食用。

巴马民间主要食用品种：多种多样。比如，酸笋鱼头汤，酸笋炒牛肉，老友粉，螺蛳粉等。

特点及功效：味美可口。酸笋含有丰富的蛋白质、氨基酸、钙、磷、铁、胡萝卜素和多种维生素，属天然低脂肪、低糖、低热量、多纤维食物，是一款较为优良的保健蔬菜，肥胖者减肥的佳品。清热化痰，益气和胃，治消渴，利水道，利膈爽胃，常食用能促进肠道蠕动，帮助消化，去积食，防便秘，预防大肠癌。

注意：患有消化系统疾病的人不宜吃。

酸梅也是一款不错的养生食物。巴马的先民们早就知道酸梅的作用，所以不但大量种植酸梅，对酸梅食用方法也有很多种类，这里主要介绍泡酸梅。

泡酸梅是巴马民间传统自制的一种佐料、原料、饮料、药材。巴马盛产酸梅，而且有泡制酸梅的习惯。每年新鲜酸梅上市，家家户户都会买上10～20斤，泡制一坛酸梅。

巴马民间主要食用品种：盐泡酸梅，糖泡酸梅等。用途十分广泛，制作梅子蒸鱼、酸梅排骨、酸梅猪脚等带酸菜谱的佐料；制作鸭酱、鹅酱、盐酱的主要原料；直接制作酸梅汤、酸梅饮料；当药用。

特点及功效：含有大量的蛋白质、脂肪、碳水化合物、多种维生素、矿物质和多种无机盐、有机酸。果实中有机酸含量一般在3.0%～6.5%，远远高于一般水果。益肝养胃，生津止渴；属于碱性食物，有助于体内血液酸碱平衡，常食用可以消除疲劳、增加活力；含有特别多的枸橼酸，能驱除使血管老化的有害物质，清除血液垃圾，延缓衰老，保持美容；抗菌、驱虫、抗过敏、抗肿瘤。

腌柠檬是巴马民间传统自制的一种佐料，也是一款不错的养生食物。

巴马民间主要食用品种：盐腌柠檬，糖腌柠檬等。制作柠檬鸭等菜肴的佐料，也有入药。

特点及功效：含有丰富的维生素、有机酸和柠檬酸盐等多种成分，杀菌，化痰止咳，生津，健脾，抗坏血病，除腥膻气，抑制钙盐结晶等，经常食用能够防治肾结石、心血管疾病、上呼吸道感染，美容美白。

巴马农村居民极少用醋，多偏重于酸品，如酸果、酸笋、酸菜等。原料均是当地所产可以食用的菜果，酸果类用酸梅、柠檬、牛甘果小刺梨等，用山泉水加精盐泡制而成；酸笋类用凤尾竹笋、楠竹笋，切成片后，用山泉水浸泡而成；酸菜类用芥菜叶、芥蓝菜芯及豆角腌制而成。这些酸制品平时可当菜吃，也可做佐料，起到调味的作用，还是保健食物。

巴马农村居民很少到商店去买各类调味品，而用民间酸制品替代醋制品，用民间调制酱替代酱制品。

食品是商店出售的经过一定加工制作的食物，为了保鲜、美观、口感等诱人购买的因素，免不了要添加各种与健康无关的添加剂，如防腐剂、着色剂、赋形剂等。即使按照国家法律允许添加，是不是超出了安全量却是普通大众无法左右的，因此别为了美食、美味、口欲、偷懒、便利等众多原因，用购买现成的食品取代日常的家庭做饭。

食品取代食物，安全风险提速，生病机会多乎。

通过家常食物取代食品长寿养生游，体验适宜养生的食物。

各类酒

巴马布努瑶的**糯米娘酒**，是民间一年四季常备的饮料，瑶语称为“密著”，即创世女神密洛陀传下的酒，汉译为“母亲之酒”或“妈妈之酒”。糯米娘酒俗在布努瑶胞中经久不衰，当地其他兄弟民族广泛效仿。

农忙季节，家家酿有。劳累时，喝上一两碗，顿时疲劳消失，精神抖擞。这种糯米娘酒，既是长寿老人一年四季必备的药酒，又是妇女坐月子时必饮的滋补佳品。瑶家人向来好客，当亲朋好友和贵客来家时，迎面便是敬一碗糯米娘酒。客人喝了这碗迎面酒后，主人家除留一位有名望的族长陪同客人谈家常外，其余的人即动手杀小猪或宰羊设宴招待客人。

瑶胞还喜欢用糯米娘酒酿成“著江相”即大年酒。“著江相”是用旧历九月以后收来的新糯米酿成的，密封于坛内，放置火塘边慢慢温烤，或埋在屋内泥坑里让它发酵。待到春节或贵客光临时取出来饮用，酒液黏稠结丝，味道极佳，醇香异常，十分可口。

特点及功效：甜如蜜，浓郁的酒香。糯米性味甘温。补脾肺，固二便，止汗，安胎。对脾肺两虚、二便不禁、自汗、胎动不安有疗效。

酸梅酒是巴马民间传统的自制果酒，同时也是一款上好的养生酒。近年来不少城乡居民自制酸梅酒，既可以过酒瘾，又可以应对现代生活带来的高血压等疾病。

特点及功效：清甜可口。据《本草纲目》《神农本草经》《本草拾遗》等记载，治疗神经性头疼、口渴、呕吐、口腔炎、扁桃体炎、伤寒、高血压等病症，常饮可防治癌症。

稔子酒：巴马人除生吃稔子果以外，还将稔子果自制成酒。稔子又名山稔、岗稔，巴马除大石山区以外，全县各地漫山遍野都有生长。稔子每年五、六月开花，七、八月果熟，其果从青到红至乌黑，乌黑了就表明熟透了。熟透的稔子野果甜香味美，可口宜人，吃了让人回味无穷。有人形容稔子果是“乡下人的补血汁，城里人的红桃 K”，视其为天然野生补血珍果。巴马人还叫它“壮阳酒”。

特点及功效：活血、养血、补血、止血，润肺，涩肠，固精，滋补肝肾，壮阳等。

巴马神酒成为游客到巴马旅游首选的保健酒，也是巴马人接待客人首选的接待用酒，并远销国内外。

特点及功效：采用名贵的鹿茸、人参、肉苁蓉、黄精、当归、冬虫夏草、淫阳藿、锁阳等23味传统中医药材，纯净独特的天然矿泉水，及高山稀有的珍珠黑糯米为主要原料，以小锅纯米酒浸泡，结合中医学理论，通过精心配制而成。经常饮用补元气、复脉固脱、益气延年，对去除老年斑和壮阳补肾有显著效果。

三蛇蛤蚧酒、蛤蚧大力神酒是巴马另一种养生保健酒。它根据古今药典，利用长寿之乡珍贵特产三蛇，即眼镜蛇、金银环蛇、索蛇，与野生雄雌蛤蚧相配合，加配鹿鞭、狗鞭、当归、巴戟、肉苁蓉、淫羊藿等名贵中药，用本地独特的矿泉水酿制的55°纯正大米小曲酒，长时间浸泡而成。

因功效显著，品质卓越，深受广大消费者喜爱。曾荣获中国优质保健产品“新星杯”奖、广西轻工业优秀新产品奖、广西科技进步奖、广西抗衰老科技学会金奖、广西消费者协会推荐消费者信得过优秀产品奖等。十几年来，产品畅销国内各省、区以及香港、澳门、台湾等地区，还远销美国、新加坡等国。

特点及功效：酒味芳香，余味悠长。温肺补肾，益精壮阳，滋阴益血、祛风活血等。对气虚血亏、腰膝酸软、久患风湿、半身不遂、肾功能衰弱、阳痿早泄、虚劳喘咳、神经衰弱、老年性脚冷、面部水肿等，有综合疗效作用。

巴马不老酒充分利用广西动植物王国和巴马长寿带的资源宝库，主要原材料为当地深山盛产的眼镜王蛇、金环蛇、银环蛇、蛤蚧、索蛇等动物原料，和火麻、首乌、巴戟天、枸杞子、桂圆肉、淫羊藿等珍贵中草药材，加以巴马小锅蒸馏的优质纯米酒，用巴马长寿老人长期饮用的药酒配方，经过六个月以上时间浸泡，并将火麻这一独特长寿食物中的有效成份提取并溶于酒中，科学勾兑调制而成。

特点及功效：补肾壮阳、旺盛精力、消除疲劳、降血脂，对风湿骨痛有神奇功效。

巴马长寿老年人饮酒大多为自酿低度米酒，从不醉酒。喝酒能长寿似乎是一个悖论，关键要看喝什么酒和怎样喝。

通过饮用各类保健酒长寿养生游，体验适宜养生的食物。

（三）住——体验适宜养生的居所

长寿养生游离不开住。牛羊择水草而居，鸟儿择良木而栖，动物都能如此择优，人类更应该择优而居了。

自然环境优美、依山傍水、空气新鲜、负氧离子浓度高、海拔高度适中在1500～2000米、阳光充足、年均阳光日照时间长、气候温和凉爽宜人年平均气温18℃左右、相对湿度为30%～60%、气温湿度气压均较低、环境净静、无噪音干扰、噪音限值为36分贝以下、生态环境好、没有工业“三废”的污染、地势平坦、平整的高地、人口密度低、民风淳朴，长寿老人多以上条件均符合的地方才更适合人的居住。

图62　巴马－1

比如，海拔1500～2000米的山区，有茂密的森林，草木散发出的芳香性挥发性物质有一定杀菌作用；清泉汇成壮观的瀑布，飞溅的水滴周围阴离子富集，空气格

图63　巴马－2

外清新，呼吸这样的空气，可镇定情绪，改善肺的换气功能；壮阔的自然景观、宁静透明的天际或变幻无穷的云海，都令人心旷神怡；因远离闹市，人口密度低，环境幽静，居住较分散，无噪音干扰，传染病也极少流行，基本没有工业、“三废”的污染。气温、湿度、气压均较低，气候凉爽宜人，山涧泉水不断，饮水也极为清洁，这种种因素均能促进人体的新陈代谢，调节机体功能，是有利于长寿养生的地理环境。

选择住处应当先考察山川大环境，以大处着眼，从小处着手，必然没有后顾之忧。好的区域、环境交互感

图64 巴马-3

应可产生好的氛围，享受这个区域的天地日月星辰的氛围，使人心情舒畅、身体健康，令生活在其中的人们以良好的心态对待生活；恶劣的环境，轻者令人身心不安、情绪低落，重者破坏人的健康。

科学选址，优选定居。

选择有利于长寿养生处居住。在天文学、地理学、地质学、生态学、环境学、气象学、水文学、生物学、信息学、建筑学、美学等有机的结合和科学的指导下，审慎周密地考察、了解自然环境，利用和改造自然，创造良好的居住环境，赢得最佳的天时地利与人和，达到

图 65　巴马 – 4

天人合一的至善境界。

选好住处要将天、地、人纳入一个大系统中综合考虑。好地方与地理、气候、环境有密切的关系，单从气候条件来说，适宜的气候和丰富的植被就为人类造就了舒适的生活环境，有益健康，利于长寿。

注重太阳、月亮、宇宙星体对人类的影响，注重采光对人的作用。中国大部分陆地一年四季的阳光都由南方射入，朝南的房屋便于采光。阳光对人的好处很多：可以取暖，参与人体维生素 D 合成，小儿常晒太阳可预防佝偻病，阳光中的紫外线具有杀菌作用，可以增强人

图66　巴马－5

体免疫功能等。

阴阳平衡，住房要坐北朝南，不仅是为了采光，还为了避北风。中国的地势决定了其气候为季风型。冬天有西伯利亚的寒流，夏天有太平洋的凉风，一年四季风向变换不定。居住要避免寒风、凉风。

分辨质量。五行相生相克，应注重空气、水、土地的质量对人的作用。山体是大地的骨架，水域是万物生机的源泉，空气被人呼吸，水被人喝，土地种庄稼后被人吃。没有空气、水、土地，人就活不了，如果空气、水、土地质量不好，就会造成生物不好，人就容易生病。

图67 巴马-6

所以说地质在一定程度上会决定人的体质。

观察地形。天地人合一，注重空气形成的空间、水形成的江河湖泊、土形成的山岗岭脉，地形地貌对人的作用。地形地势要符合山环水抱、依山傍水的格局。先从大的区域、大的环境优选住地，再从小的区域环境中优选住地。从大环境观察小环境，便可知道小环境受到的外界制约和影响，诸如水源、气候、物产、地质等。任何一块住地表现出来的好坏，都是由大环境所决定的，就像测量血压的正常与否，就可知身体的一般状况，因为血压由心血管的功能状态所决定的。只有地形地势完美，住地才完美。

选择位置。注重住房的位置选择和方向选择。

人是在特定的自然环境下生活的，生存状态的好坏、生命质量的高低、寿命的长短，均与居住环境优劣，有很大的关系。

巴马全县总面积1971平方公里。总人口为25万人，是一个多民族聚居的少数民族自治县，境内居住着壮、瑶、汉等12个民族，壮族、瑶族、汉族分别占69.40%、16.83%、13.64%。人口密度较低。

巴马土壤呈现高锰低铜的分布，与心血管发病率，呈负相关；而与长寿老人的密度，呈正相关。巴马水土中锌含量较高，在长寿区的主要食物中，微量元素硒的含量也较高；而铜、镉含量低。

锰是目前对人体有特殊生理功能的14种必需微量元素之一，是生物体内最重要的生命元素。参与了体内多种金属酶的合成，如赖氨酸酶、丙酮酸羟化酶、超氧化物歧化酶；并在细胞和组织中，尤其是对脑细胞和组织中氧化还原和磷酸化过程中起重要作用；参与合成及激活的多种酶，与脑代谢密切相关；还和其他离子一同，参与中枢神经系统内神经介质的传递，是维持脑功能必不可少的微量元素。

锰元素对心血管有保护作用，是人体多种酶的激活剂，对血糖、血脂、血压均有影响；摄入适量的锰，有助于提高超氧化物歧化酶消除自由基的功能，起到延年益寿的作用。

当然不是说锰的摄入越多越好，摄入过量时可以引起毒性作用。巴马人每日能从食物摄取的锰含量属于安全、适度剂量范围。

锌是维持机体正常代谢所必需的元素，被称为“生命之花”，能提高人体免疫力。这些锰、锌元素在土壤、水分的物质循环和交换过程中，被农作物吸收和富集，而后又以食物的形式，以一定的食物组合，被人体吸收而产生作用。

巴马地区的土壤、山泉水源中富含锌、硒等十多种对人体有益的微量元素，这些微量元素从土壤中进入各种食物，再进入人体，对人类的正常发育和健康长寿起着重要作用。

巴马人居住的房屋，多是木制结构或以土壤夯制而成，富含微量元素的土壤，能够长年累月地释放对人体有益的物质，使吸收这些“自然能”的人们，在不知不觉中延年益寿。

巴马可供长寿养生游的住处有：农家旅馆，长寿村疗养基地，度假山庄，长寿养生公寓，别墅，以及集餐饮、娱乐、休闲、保健、住宿、购物、会务、商务、公务、票务等多种服务为一体的综合性挂牌国家四星级酒店，餐厅首推巴马长寿特色菜肴，还可以品尝到其他地区特色菜肴。总之，在巴马旅游居住时，不同档次居所，均可拎包入住，非常方便，可以满足不同人群、不同消费水平的居住需要。

图 68　盘阳河畔养生居所

另外，我们还应注意不要不停地变化生活环境。在一个新环境不要生活时间太短，以免身体总处于应激调整状态，而不利于身体的康复。

通过如画家园，诗意栖居，住在巴马去长寿养生游，体验适宜养生的居所。

图 69　在建的养生住所

（四）行——体验适宜养生的出行

都市喧嚣，你是否想在世外净土处清修？

红尘纷繁，你是否希在青山绿谷处探幽？

懵懂人生，你是否欲在历史见证处自悟？

蒙蒙心灵，你是否求在仁德圣洁处净化？

身心疲惫，你是否望在憩息养生处休闲？

健康长寿，你是否盼在天人合一处积累？

猎奇探密，你是否想在天坑溶洞处体验？

旅游文化，你是否要在名胜古迹处饱飧？

友情对话，你是否愿在古乐低徊处链接？

“善待自己，沐浴健康”专题巴马长寿养生游满足您以上所有内容的愿望，除此之外，该活动还是不良情绪的释放剂，是疾病治疗的增效剂，是身体康复的促进剂。不要拘泥于活动的形式。朋友，自己要建立起科学的、全新的健康理念，提高自己的身心素质，为挖掘潜能、准确定位、快速成才提供载体，提供物质基础；要建立起科学的思维方式。健康的躯体有赖于科学的思维方式。人的意识和智慧能能动地作用于自身的生理素质。正确的意识、科学的思维方式均能促进人体健康；而健康的躯体，又是形成科学的思维方式、产生人的意识和智慧的基础。两者互为依存关系。思维方式决定着人的生活方式，而生活方式的健康与否决定着疾病是否发生。思维方式的差异，导致了行动的差异，而行动的差异，导致了结果的差异；人格特征决定思维方式，思维方式决定生活方式，生活方式决定健康与否。古希腊医学家希波克拉底说：“了解什么样的人得了病，比了解一个人得了什么病更为重要”；英国空想社会主义者约翰·格雷(1798 ~1850 年)：“身体的健康在很大程度上取决于精神的健康”。因此，心理健康又间接影响着生理健康，两者紧密联系在一起。朋友，来吧，用健康的理念指导自己的行动，加入“善待自己，沐浴健康”专题巴马长寿养生游，相信您定能心有所悟，自有所得！

在工作、生活、学习相对空暇时，身体状况、经济条件允许的话，您不妨去巴马做一次长寿养生游。或挈妇或携夫或将雏，或伴着情侣，或与亲朋好友一起，共同度过一个充满情趣的美好时光。

观赏自然风光、游览名胜古迹自然使人心旷神怡，但不要忘记另一个目的，就是从长寿养生游中得到一些启示。宋人王安石在《游褒禅山记》中有过感慨：“古人之观于天地、山川、草木、虫鱼、鸟兽，往往有得，以其求思之深而无不在也。”“夫夷以近，则游者众；险以远，则至者少。而世之奇伟、瑰怪、非常之观，常在于险远。”一般人之所以至“险”“远”者少，是为“人之所罕至焉，故非有志者不能至也。”通过长寿养生游，可以丰富生活内容，增长知识，能从中悟出一些生活哲理，增长生存智慧，更加体会到它们的深刻涵义，从而更好地工作、生活和学习，提高生活质量，这些对每个人来说都大有裨益。

长寿养生游，触景生情，会产生对大自然的热爱，领略到祖国的江山如此多娇，爱国之心也会油然而生。

长寿养生游，一定会让你受益匪浅。

温馨提示：老年人、未治愈的急慢性疾病的患者、有精神疾患病史或癫痫病史者出行，均需要有人陪同、照料，不宜单独出行，以防不测。

一、出行前的准备：出行之前，评估身况；养精蓄锐，应对劳伤；保持佳境，防病至上；带齐物品，以免罹恙；穷家富路，沐浴健康；提前进站，消除紧张；净空二便，排毒轻装。

二、旅途中的准备：熟悉环境，避免外伤；暑期旅行，保健得当；老人患者，防病至上。

三、返回前的准备：平抑激情，免情志伤；佳肴美味，避免吃伤；土特产品，卫生要讲；休养生息，快乐回往；“检修零件”，体强身壮；自我防护，平安返乡。

南宁至巴马汽车总站只需要3.5小时左右的车程，进入巴马的长途客车，巴马县城通往各景区景点的公共交通汽车、出租汽车、游船等，非常方便。巴马县城至县内各景区景点，最远不过50公里即1小时车程，不会有长时间旅途颠簸对身体的影响，有巴马汽车总站定时始发的公共交通汽车、定时班车、不定时中巴或微型汽车。

参加长寿养生游的人，可充分利用自然条件爬山、游览和散步，使心血管系统的功能得到锻炼。

以下根据个人不同的计划安排、不同的游行时间、提供了不同的适宜养生出行方式，仅供参考：

1. 住旅游景区（点）内的农家旅馆

白天可轻松、自由地到景区（点）内出行，拥抱大自然，在巴马这个大氧吧里呼吸清新的负氧离子，享受巴马特色的美味菜肴，感受当地质朴的民风民俗，体验恬静快乐的生活，寻求长寿养生之道。晚上自由参与各类文化娱乐活动。

2. 住县城宾馆、旅社，档次任选。

白天出行同上，晚上回县城，自由参与各类文化娱乐活动。

3. 住旅游景区内的农家。

白天出行同上，膳食上可以就地购买农副产品自行加工，也可请“东家”代劳。可选择住盘阳河两岸村屯、龙洪河两岸村屯、那社河两岸村屯、喀斯特村庄等地。

通过到巴马长寿养生游，体验适宜养生的出行。

（五）生——体验适宜养生的环境

巴马人的生活水平普遍偏低，但是生活质量却是最高的。巴马已不再是贫穷的象征。它带给世人更多的是精神上的向往和留恋。

海拔高度适中。巴马地处云贵高原向桂中平原过渡的斜坡地带，地势西高东低，海拔高度为 174～1216 米，大多在 500～800 米。

图70　依山傍水的松吉村吉屯

远红外线丰富。巴马年均日照总时数长，为1531.3小时，一年中日照时间长，使得光波中波长最长、穿透力最弱的远红外线，极易投射到大地上。波长在4～14μm的远红外线具有活化水、活化人体细胞组织、改善微循环、镇痛、消炎、消肿、增强新陈代谢、提高机体免疫力等功能，是保障人体健康长寿的要素之一。

年均气温适中，18.8℃～20.8℃，人体内的新陈代谢、生理节奏和生理功能都处于最佳的状态，人感到很舒适。巴马居民长期在这样优越的气温条件下生活，得

图 71 甲篆盘阳河风光

到最佳环境温度的支持，加上其他有利因素的影响，所以长寿老年人多，而成为世界长寿之乡，也就不足为奇了。

全年无霜期 338 天，年均降雨量 1578mm，相对湿度 79%。

气候凉爽宜人。巴马境内四季长短不一，冬短夏长，春秋二季相似，具有春秋凉爽、冬暖夏凉、冬春干燥、夏季温润、冬无严寒，夏无酷暑、气候凉爽宜人等的气候特征。既不存在我国长江中下游那样酷热难耐的夏季，也没有东北三省那样冰天雪地寒风凛冽的冬季；既不像我国西部干旱沙漠气候那样干热如火，也没有我国东南部沿海地区梅雨季节的湿闷难受。巴马一年到头都是黄金季节。

图72　盘阳河畔-3

春季，冷暖空气活动频繁，气温变化大，幅度在4℃~25℃；立夏前后，进入夏季，最热的7月份平均气温为27.4℃；寒露前后，进入秋季，日平均气温小于

21℃，湿度小，日照充足；冬至为冬季的开始，是全年最短的季节，等于或小于0℃的最低气温，平均每年3天。

空气质量好。巴马是一个天然的大“氧吧”，乡村一般地方的空气中，对人体十分有益的负氧离子的含量，均在4500个/cm^3以上；盘阳河畔一带保持在1万个/cm^3上下；盘阳河沿岸、一些长寿村屯及西部的山林中，均在1万~3万个/cm^3；最高的是百魔洞和水晶宫，含量高达7万~9万个/cm^3。

图73 盘阳河畔－4

巴马人长寿无疑是多种因素综合作用的结果，然而，环境空气负氧离子长期维持在相当高的浓度，却是巴马人健康长寿的极其重要的因素之一。

巴马位于东南热带暖湿气流，与北部干冷气流相交汇的锋面上，雷雨天气较多，且多夜雨。雷电频率增加，有助于通过放电的作用，提高大气中的负氧离子浓度；另一方面，由于巴马山区海拔较高，植被好，大气中极少有害化学尘埃污染，在山谷、林地、瀑布附近，负氧离子的浓度很高且维持时间长。负氧离子浓度高，是巴马长寿乡大气环境的重要特征之一。夜雨频率增加，使夜晚气温迅速下降，给人们提供了一个有利于夜间休息和体力恢复的良好气候环境。

负氧离子可以吸附、中和被污染的空气中带正电的悬浮微粒——工厂废气、烟雾等有害物质，使其落地成埃，洁净空气。空气负氧离子有利人体健康毋庸置疑，并有“空气维生素”“大气长寿素”等美称。它之所以对一些疾病有辅助治疗和康复作用，是负氧离子对人体各系统的生理环境影响的结果。

对呼吸系统的影响。消灭空气中的过敏源，有效地预防、治疗过敏性鼻炎、哮喘等疾病，改善肺部换气功能，促进气管纤毛颤动，通过生化反应，消除呼吸道炎症，缓解支气管哮喘，止咳、祛痰等。

对循环系统的影响。促进组织、细胞生物氧化、还原过程，扩张血管，改善心肌功能，增强心肌营养，降低血压，对高血压、冠心病、心脏血管硬化等有一定的疗效。

对神经系统的影响。调节中枢神经兴奋、抑制功能，缩短感觉时值与运动时值，改善神经功能，可治疗胃肠功能紊乱、痉挛性便秘，对神经衰弱等亦有较好疗效。

此外，负氧离子吸入人体后，随血流输入全身组织细胞，调节大脑皮层功能，镇静，消除疲劳；使氧自由基无毒化；维持人体体液酸碱平衡，促进机体代谢生长和废物排泄，延缓发育细胞衰老；提高免疫力，给人体延迟衰老，提供了良好的内在环境。

巴马地处热带和亚热带的地理分界线，也是高原气候与海洋气候的交汇区，属南亚热带至中亚热带季风气候区。独特的地理、地质条件，造就了巴马得天独厚的小气候区。

高品质的水。巴马优质的天然活性水，除了达到国家饮用水卫生标准外，还富含人体必需的诸多矿物成分，有益的矿物质可以补充人体微量元素，活化人体机能，具有持久的活性，溶解力、渗透力强，快速进出人体细胞，及时给细胞输进新鲜营养，使肌肤润泽，提高人体的免疫力，帮助人体快速排出、排尽体内废物及毒素，从细胞带出废物，清除人体自由基，防止细胞衰老，增强活力，从而祛病健体、健康长寿。

由于远古喜马拉雅造山运动，形成一条条又长又深的断裂带，巴马正处于一条大型地质断裂带上；由于火山爆发，岩浆上涌，使断裂带充填了钙、镁、锌等有益人体健康的天然矿物质和强地磁。巴马山泉水长年不断自然涌出，必然有补充水。它的补充水从地势很高的原生态无污染的地方，进入地下，入地前吸收阳光，入地后在断裂带中，在地下深、长、黑的环境中，远距离长时间缓缓运移，在矿物岩层中渗透过滤，被天然净化、矿化、磁化，历时数千年，在巴马原生态无污染的山区涌出，形成天然磁化弱碱性矿泉水，清澈透明，无致病菌，无沉淀物，无漂浮物，口感甘甜、清爽，可以畅快生饮，千百年历史证明安全性高，常饮健康长寿。

富含抗衰老元素的土壤。

巴马地区的土壤、山泉水源中富含锌、硒等十多种对人体有益的微量元素，这些微量元素从土壤中进入各种食物，再进入人体，它们对人类的正常发育和健康长寿起着重要作用。

地磁强度适宜。巴马是一个具有天然大磁场的地区，地磁强度为0.4～0.5高斯，个别地方达到0.9高斯，目前原生态地磁未被干扰，地磁作用为全国最佳。

地磁条件对人健康长寿现象的影响，对人的健康带来的益处：

1. 镇静与改善睡眠。磁场强度的高低，对中枢神经影响会有所不同，作用于大脑皮层的两个功能也不一样。磁场强度低，兴奋性高；磁场强度高，兴奋性降低，呈现抑制状态，表现为睡眠现象。由此可见，一定的磁场强度，能改善睡眠，延长睡眠时间，增加睡眠深度。外地人到巴马疗养，普遍认为睡得很香甜，原因之一就是，巴马地磁环境影响人的大脑皮层，而产生的抑制状态。

2. 消炎。对风湿性关节炎、支气管炎、肩周炎等一般性炎症，对急性、非急性浅表性炎症，对局部感染性皮炎，都有治疗作用。

3. 消肿。可以消除由于水分淤积在软组织内形成的水性肿胀，及血性肿胀。

4. 防止动脉硬化和血栓。磁场促进营养物质与氧的供应，主要是通过改善人体血液循环，尤其是微循环来实现的。适宜的磁场强度，可以降低血液黏度，降低血脂，延缓和减少动脉硬化的发生，防止血栓的形成。

5. 止泻。由于适宜的磁场强度有消炎作用，所以对肠炎引起的腹泻，有一定的疗效。可以促进肠内水分的吸收与运行，降低毛细血管的通透性，减少水分从血管渗出，使肠内容物在肠内停留时间延长，有利于肠内容物中水分的吸收，而产生止泻效果。

6. 延缓衰老。随着年龄的增长，内脏器官的功能逐渐减退，皮肤出现干燥，弹性减弱，出现皱纹。人的衰老是自然发展的规律，延缓衰老、延年益寿是人们的理想追求。蛋白质是构成人体的基本物质，生命的老化，也就是蛋白质的老化，而适宜的磁场强度能有效地防止蛋白质老化，进而延缓衰老的速度；此外，人过早衰老的原因，还与体内氧自由基积存过多有关，磁场能提高酶的活性，也就提高了消除自由基的能力，使细胞及其功能免遭破坏，延续细胞的生命活力，达到延缓衰老的目的。

7. 改善水质。适宜的磁场强度可以使水活化，改善人体新陈代谢，调节人体的离子平衡，使人能够保持健康的体魄。

8. 促使空气中正负离子的分离。使负氧离子源源不断产生，从而始终保持能达到治疗效果的高浓度含量。

食物原生态。自然生长，生长周期长，充分吸收自然界中的养分，不施加化肥、农药等，无污染，非转基因食物。

到适宜人生存的环境中去生活。人们的适应能力是有限的，当有害的环境长期作用于人体，或者超过一定限度，就会引起疾病，甚至造成死亡。环境是一个极其复杂、辩证的自然综合体，一切生物都要适应环境而生存，人类不但要适应环境，而且还要利用、支配和改造环境。脱离不利于健康的环境，充分利用自然条件避暑、过冬，爬山、游览和散步，使心血管系统的功能得到锻炼。

原生态的环境综合作用的结果表现为人的寿命延长；长寿现象集中出现，反过来说明该地方环境好，适宜人类居住生活。

通过到巴马去长寿养生游，体验适宜养生的环境。

（六）老——体验适宜养生的养老

东晋道教理论家、医学家、炼丹术家葛洪（284～364年）《抱朴子内篇·黄白》："我命在我不在天。"生命之存在、年寿之长短，不完全取决于天命，还取决于自身，即首先要使人体正气充沛。养生过程中努力发挥主观能动作用，完全可以达到健康长寿之目的。

比如争取拿出一段时间，全身心地去参加长寿养生游，清新的空气，清淡的饮食，清心的静养，置身于大自然中去长寿养生。老年人有了充裕的时间，可以在巴马长寿养生游的时间适当延长，更能显现出巴马长寿养生的作用。

老年人由于自然规律的原因，一般已经无创造财富的能力，而只是在消费积存的养老资金。城市生活成本相对较高，远离都市喧嚣，到环境好的自然中去生活，不但不花钱，还省下了钱，既能省钱又可养生，这不是一举两得吗？

通过到巴马去长寿养生游，体验适宜养生的养老方式。

（七）病——体验适宜养生的康复

60 岁以上的人，生理功能逐步衰退，身体免疫功能也处于逐步减退状态，头痛脑热是常有的事，慢性疾病常常伴随着老年人。由于处于疾病的非急性期，药物的调理作用不太明显，况且药物都有不良反应，是药三分毒，对机体其他方面会造成危害。此时，选择适宜的养生方法就显得尤为重要。不是什么病都需要去医院去治。能不用药就不用药，该用药就一定要用药，遵从医嘱。

河北省石家庄市副主任医师马先生，76 岁，长期患有多种疾病。几年来，先后 9 次到巴马去长寿养生游，累计时间达 5 年之多。原先身患的疾病，竟宣告痊愈；而跟他最后 byebye 的就是肝硬化。每次到巴马，都有不同的感受，都有不一样的收获，唯一不变的就是身体越来越健康。

上海退休工程师郑先生，是求医巴马的受益者。他患哮喘病几十年苦不堪言。几年来，他先后 5 次到巴马去长寿养生游，病不治而愈，神清气爽，获益匪浅。

类似这样疾病好转健康恢复的真实事例不胜枚举。以上介绍的多个实例，不好以偏概全，但有一点值得重视，这些外地人，到巴马去长寿养生游后，身体健康状况好转，并非借助药物治疗，而只是自然的静养调节，到底是何种因素在起作用？有待多学科的科学家们联合做深层次的探索与研究，绝对有说服力的谜底，至今仍未揭开。

在巴马住上一段时间，身体的健康状况就发生了变化，这已不是捕风捉影的传说了。随着巴马长寿之乡知名度的日益提高，神奇的长寿现象，越来越引起世人的关注。全国各地操着南腔北调的人们从四面八方赶到巴马去长寿养生游，有来自大都市的处于亚健康状态的中老年人，有身患数十年顽疾的病人，其中不乏一些身患绝症、久治不愈的患者，在这个养育寿星的殿堂——巴马长寿乡，带病而来，病愈而归。说巴马神奇，是外乡人在巴马疗养的亲身感受。他们亲身感受到巴马寿乡环境的神奇，享受到长寿环境带给他们的喜悦，享受到人生真正意义的幸福，和久违了的健康的生活状态。

通过到巴马去长寿养生游，体验适宜疾病治疗的养生。

（八）死——体验适宜养生的人生

“生、长、壮、老、死”，是人生命必然经历，对任何人都一样，关键是要正确对待生命、生存、生活。不为生活而养生，也不为养生而生活。只有为社会做出贡献，才能使人生在地球上，留下“到此一游”的痕迹。“一个人光溜溜的到这个世界来，最后光溜溜的离开这个世界而去，最后想起来，名利都是身外物，只有尽一人的心力，使社会上的人多得他工作的裨益，是人生最愉快的事情。”——中国现代新闻记者、政治家、出版家邹韬奋（1895～1944年）。

到巴马去长寿养生游，你会体会到以往人们把简单的生活，复杂化了，变得不再朴素。生活不外乎些柴米油盐、衣食住行。简单生活，一生快乐。“裸”活很乐活。巴马人的生活水平普遍偏低，但是生命质量却是最高的。

“健康是人类最重要的自由”。——Henri Amiel（1821～1881年）。“人类所能犯的最大错误就是拿健康来换取其他身外之物”。——德国唯心主义哲学家，唯意志论者叔本华（1788～1860年）。耗子给猫当将军，要前（钱）不要命！官再大，钱再多，阎王照样土里拖。家有黄金亿吨，一日不过三顿。不怕挣的少，就怕走得早。

"在人生的前半，有享乐的能力而无享乐的机会；在人生的后半，有享乐的机会而无享乐的能力"——美国作家马克·吐温（1835～1910年）。长寿又健康，老人不遭殃；本人无痛苦，家人无悲伤。否则，人财两空！

主动去养生成为可行。现在，人们生活水平普遍提高，交通发达，健康者和疾病患者完全有条件在一个短暂的时期，脱离不利于健康的气候环境，到一个适宜人生存的环境中去生活，结合传统的养生理念，全身心地融入到大自然的怀抱中；暂时离开使自己伤心的地方，采取迂回的办法，把情感和精力转移到其他活动上去，通过自我安慰、自我转化达到消除不良情绪的影响。

不良情绪犹如阴影笼罩着人们，对健康十分不利。长寿养生游可让自己从紧张情绪里解脱出来，使焦虑悲观等不良情绪释放出来，积压在内心的不良心态得以改善，让肌体彻底放松，消除紧张的心情，通过自我宣泄从而释放自己的潜能，有利于健康，是不良情绪和潜能的释放剂。

长寿养生游通过观赏自然风光，游览名胜古迹，使自己神清气爽，较好地清除了封闭的心理状态，使自己走向社会，融合于群体之中，有意无意间进行了自我心理调适，通过森林给自己提供新鲜空气，河水荡涤着自己的心灵，松涛虫鸣给自己带来无穷乐趣，鸟语花香给自己带来新的生机，可使自我心理调适“事半功倍”，若与其他自我心理调适方法配合，效果肯定会“1 +1 >2”，对患者的身心健康大有好处，是自我心理调适的增效剂。

长寿养生游春天去郊野踏青，夏季去湖泊观荷，秋日登山赏红叶，冬令去雪野漫步，四时八令均有赏心悦目之事，重要的是有了这种休情闲趣，运动量不大，适合于绝大多数人，且不拘季节随时可行；春踏芳草地，夏步小河边，秋赏荷花淀，冬行松林间，各得其趣，既是一种运动也是一种憩息养生。通过变换环境，广阔的空间、绿色的树木、清新的空气自然使人心旷神怡，改变了以往的生活方式，培养了自制力，通过自我控制解除了压抑的心理，产生了许多联想与灵感，是自我心理调适的促进剂。

善待自己，沐浴健康，是不良情绪的释放剂，是疾病治疗的增效剂，是疾病康复的促进剂。

人一辈子在健康方面，经受不住栽大跟头，要吸取经验教训，借鉴健康养生方法，否则会出现白发送黑发的悲惨现象。

通过到巴马去长寿养生游，体验适宜养生的人生。

（九）安——体验适宜养生的公共安全

巴马解放前，桂系军阀和土豪劣绅，作恶多端。全县“司令满街走，统领多过狗”“村村见白旗，处处闻枪声”，广大人民群众生命财产的安全无法得到保障，处在水深火热之中。

巴马解放后，广大政法干警，面对危害国家安全和影响巴马社会稳定的各种敌对势力，沉着应战，克敌制胜；面对危害国家财产和人民生命财产安全的犯罪行为，针锋相对，决不手软；面对各种灾害和险情，挺身而出，扶危解困，赢得一个又一个的胜利。

巴马社会治安“打、防、控”一体化建设，政治大局和治安大局保持持续稳定，连续10年获得市委、市人民政府授予“社会治安综合治理工作目标良好达标县”称号，2000年被自治区首批命名“无毒县”，2005年全县10个乡镇均被市委、市人民政府命名为“平安乡镇”，2006年4月被自治区命名为首批“平安县”。

巴马是一个多民族聚居的少数民族自治县，境内居住着壮、瑶、汉等12个民族，党的民族政策，消除了历史上遗留下来的民族隔阂和民族矛盾，各族人民团结互助、和睦相处。百里寿乡一家亲，共同发展、共享繁荣。政府时刻关注民族问题，对难免出现的一些摩擦能做到及时解决，把民族矛盾消除在萌芽状态之中，实现民族平等，各族人民达到空前的团结。随着各族人民在社会活动中的交往日益密切，民族关系更加融洽。民族间通婚，各自的良好习俗互相同化，摒弃陈风陋习，各民族同胞正携手共同走上文明富裕的道路。

通过到巴马去长寿养生游，体验适宜养生的公共安全。

（十）居——体验适宜养生的人居环境

深深的黑夜比墨还黑，伸手不见五指，只有天上数不清的星星，地下不计其数的萤火虫，远处零零星星的宅灯，近处偶尔可数的电筒光，在静静地闪烁。

寂静的夜晚，死一样的沉寂，又黑又静令人毛骨悚然，偶尔河边传来青蛙“咕咕”声，还有叫不上名字的动物“喔——”一声长鸣打破寂静的黑夜，若赶上顺风，还能听到远处隐隐传来地下河出水口日夜不停、川流不息的潺潺流水声。

这里白天是养生人们的天堂，夜晚是蚊虫的天堂，世间万物都在尽情地享受着大自然免费提供的绝佳胜地。

清晨，烟雾缭绕，云蒸霞蔚。远处传来的流水声、近处传来百鸟争鸣，似乎都在告诉人们：我很快乐。

碧绿的河水清澈见底，从窗前蜿蜒流淌，不远处有渔民划着一叶小舟缓缓移动，仿佛在画中游。

河的两岸生长着一簇簇直拔七八层楼高的绿竹，和一棵棵像巨伞一样的古榕树，树根抱着石土，脉络恰似寿星手背上的血管交错凸现，向世人昭示着它千百年来经历的沧桑。

绵延不断的群山像披上了绿毯，山顶圆钝，奇特的山形好像馒头放在锅里。不远处，蜿蜒的公路宛如一条巨蟒缠绕着群山。云烟在半山腰缭绕，山形忽显忽隐。若盯住不远处绿色平坦地，你会发现缓慢移动的当地人在辛勤地劳作。半山腰上高耸的移动通信转播铁塔和高压输电铁塔，显示着这里早先曾有过人烟，也显示着现代文明与原始的大自然环境在这里交汇。

上午，太阳公公起床后，群山明暗分明。远处天空不时飘来朵朵浮云，忽似飞奔着的马头，忽像块块絮状棉花，东边日出西边雨，一天不停变换着景观。山区的天气如婴儿的脸一会儿一变。雨后山地变得墨绿，空气中散发着野草的清香，五颜六色的蝴蝶围绕着草丛，欢快地曼舞，河水中嬉戏着的野鸭尽情玩耍。

这里有张家界的喀斯特地貌、庐山半山腰的云雾缭绕、九寨沟清澈见底的碧水、拉萨的蓝天白云、南极变幻莫测的天气，可说是集所有的自然美于一身。

蓝天白云的映衬下，在远处绵延起伏如绿毯样的群山半腰间，你会发现零星散落着的小白点儿，那就是当地少数民族世代繁衍生息的所在地。

中午，阳光透过云层漫射下来，温暖和煦，再加上阵阵微风吹过河水拂面而来，空气中持有的清香沁人心脾。蝉高一声低一声地鸣叫，似乎在对人们说：我很惬意。

傍晚，蜻蜓在半空中犹如小直升飞机，一会儿停在半空中原地不动，一会儿飞来飞去，快活自如。火红的太阳西斜被高山遮挡住，刚才还大白天，一下子就黑了下来，短的似乎白天与黑夜没有个过渡，劳作的人们赶紧收工而息。

以上是一个到巴马去长寿养生游的非文学爱好者，在实地看到实景脱口而出，对人居环境的客观白描，真实地反映了巴马的人居环境，丝毫没有用华丽的辞藻堆砌。

通过到巴马去长寿养生游，体验适宜养生的人居环境。

（十一）乐——体验适宜养生的文化休闲

寿乡文化广场，地处县城中心即寿乡大道中路，占地面积 18 亩。广场建设有草书“寿”字中心雕塑，表演舞台、音乐喷泉、观景架、景观灯柱、山歌舞台、寿乡文化浮雕柱、休息凳、阶梯草坪、花地、休息台阶、停车场等设施。寿乡文化广场分为中心集会区、休闲娱乐区、自然景观区、历史文化区。白天，长寿养生游者或

图74　巴马百魔洞附近住所窗外景观－1

迈步于曲折的林荫小道或端坐石凳上，仿佛置身于巴马层层山峦、梯田和河流的大自然之中。当夜幕降临时，三三两两的人群从四面八方拥向广场，弹、唱、跳，自由自在，无拘无束，恰似万人露天舞厅。

寿乡文化体育活动中心，座落在巴马县城东小区，占地面积60亩，背靠青山，面临碧水。三面的建筑群把广场围成一个天然的活动场馆。活动中心内设长寿博物馆、图书馆、青少年文化活动中心、儿童游乐园、休闲广场、体育运动场、停车场等设施。是长寿养生游者健

图 75　巴马百魔洞附近住所窗外景观 -2

身、休闲、娱乐的好去处。

“三月三”歌节，是巴马壮族人民的传统节日。每逢农历三月初三，人们便搭起歌棚，精心打扮到歌场对歌。壮族山歌调子主要有巴马、所略、甲篆、那社等，歌词以七言、五言为多，押韵严谨，比喻贴切，含义深刻，用词诙谐。语言简练，言简意明、回味无穷。巴马调腰韵脚韵兼容。歌手一般随编随唱，歌词连续不重复。山歌牵动万人心，也牵动了青年男女的姻缘，通过对歌而自愿结婚的人更多了。

图 76　巴马百魔洞附近住所窗外景观－3

农历五月二十九是巴马东山、凤凰一带番瑶同胞的重大节日。“祝著”是二十九的瑶语音译。祝著节是瑶族人们庆祝始母诞生的盛大节日。男女老少身穿节日盛装，出门聚集庆祝。铜鼓敲响，鼓声阵阵，寓意着瑶寨五谷丰登、六畜兴旺……，瑶族同胞酿制糯米酒，阖家团聚，欢歌笑语，唱歌、赛马、打陀螺，庆祝活动持续到夕阳西下，方尽兴而归。

壮、瑶各族都有各自独特的民族习俗，都以歌舞的形式，来表现对美好生活的追求，对生命的关爱。这些

图77　寿乡文化广场

活动给人们带来精神寄托，陶冶了人们平和的心态，也带来了健康长寿。

知足者常乐，善笑者长寿。

饭养人，歌养心。当没有地方活动时，唱歌也是一种运动，通过腹式呼吸引起膈肌的升降，使得胸腹腔活动，可以使肺活量增加，吸入更多的氧气，使更多的氧化参与体内的新陈代谢，减轻疲劳程度，加速体力恢复，使血氧浓度提高，改善血液循环，牵拉内脏缓缓运动，起到按摩内脏的作用，增加回心循环血量。

诙谐、幽默、风趣的对歌场面，唱者忘情，听者陶醉，乐开心怀。生活的坎坷，劳作的艰辛，思想上的苦恼等情绪，都会随着甜美的歌声化忧为喜。唱山歌能使人大脑的逻辑思维活跃，声带、胸腔得到适当的运动，特别是比试歌才的对唱，为了难倒对方，歌词不乏戏谑诙谐之意，逗得听众哄堂大笑，刺激人的神经而产生的心理快感。释心的快乐和精神的满足，不论是歌师、歌手或者听众，都有快感的收获，都有心情的愉悦，无疑是延寿的秘诀之一。

幽默是一种积极的心理预防形式，善用幽默的人最健康，因为幽默能使人心情舒畅，能够调节人们神经中枢，有利于排泄积郁，解除疲劳和烦恼。

幽默的直接效果是产生笑意。笑是人的健康妙药，是最优美、最自然、最良好的自我保健运动。笑可以使人体内的膈、胸、腹、心、肺甚至肝脏得到短暂的运动锻炼，促进肌肉和五脏六腑舒适，能使人筋骨舒展，全身肌肉放松，有利于肺部扩张，呼吸通畅，促进血液循环，气血平和，消除大脑皮层和中枢神经的疲劳，调节人的情绪，心情愉快，人的大脑皮层调节机体生理活动的功能正常，各个器官也都能正常进行工作，并经常保持一定的储备力量，衰退现象的出现就减慢和推迟，从而延长寿命。

笑是最良好的自我保健运动，适于全人类，将来奥林匹克运动会，没准也会增加此运动项目呢！然而是运动就有不适合参加的人。

唱歌也是运动，五音不全也要唱。既然是运动，不适合运动的情况就不宜唱。

民族体育项目包括射弩、打铜鼓、打陀螺等。

早在明朝，东山乡一带瑶族就用弩狩猎、防御。那里的群众，家家户户都制有弩，男女老少皆善射。为保护野生动物，射弩后来逐渐发展成为瑶族人民群众的一项体育活动。每逢节庆、结婚、建房等庆典，常举行比赛。

打铜鼓约自宋朝开始在境内民间流传。后发展为壮乡瑶寨的传统体育项目。每逢结婚、新房落成和重大节日，均有打铜鼓以作娱乐。

打陀螺是巴马境内各族均参与的民间体育项目。主要在秋冬农闲或饭前饭后进行。

有规律的活动，利用各种机会进行适当的运动，可以健全体魄、防病防老、延长寿命，是古往今来健康长寿的秘诀。世界万物，运动是永恒的。有规律活动，适当运动，使人健全体魄、预防疾病、延缓衰老、延长寿命。生命在于运动，生命在于静止，两者并不矛盾，因是从不同角度而言。动静不可偏废，应动静结合。能动就动动，尽可能动动。屁股别太沉，懒得动的结果就是，将来彻底动不了，想动都动不成了。但有些运动会透支健康。不运动锻炼和运动锻炼过度，这两个极端，一样对人健康有害。做任何事情，都要掌握好平衡关系，找到平衡点，拿捏好个度，才能天长地久。

通过到巴马去长寿养生游，体验适宜养生的文化休闲。

（十二）业——体验适宜养生的投资置业

巴马是世界著名的长寿之乡。巴马这块人间“净土”，长期以来“养在深闺人未识”。近年来才倍受人们的青睐和宠爱。越来越多的区内外、国内外的长寿现象探索者、长寿养生游者纷至沓来，或体验、或休闲养生、或考察探索、或休养疗病。长寿养生游逐年升温。据不完全统计，巴马县年接待游客数量，呈逐年猛增势头，仅2010年“十一黄金周”就达到11.87万人次，2011年上半年达85.4万人。

巴马盘阳河风光秀丽，气候宜人是出了名的。沿河两岸的村庄宁静而温馨。近几年来，为了开发巴马的长寿养生游，一批农家旅馆，长寿村疗养基地，度假山庄，长寿养生公寓，别墅，以及集餐饮、娱乐、休闲、保健、住宿、购物、会务、商务、公务、票务等多种服务为一体的综合性挂牌国家星级酒店，如雨后春笋破土而出，应运而生，形成了一个庞大的长寿养生游市场。随着巴马长寿之乡知名度的日益提高，全国各地前来巴马长寿养生游的人络绎不绝。

巴马基础设施建设发展迅速，水、电、路、通信、文化娱乐等城市服务功能日趋完善，银行、保险、商业、学校、医院、广播电视、电脑网络等配套设施齐全。

巴马人民风淳朴，生性开朗，热情好客，尊老敬老，家庭和睦。

图 78　黄荣过百岁生日时，巴马县委书记覃荣武为黄老祝寿

作为国家西部大开发地区的一部分，巴马在享受国家特殊扶持政策的同时，已经出台一系列有自治县特色

的、更加宽松的适应西部开发的投资优惠政策，热忱欢迎国内外各界人士前来投资兴业、长寿养生游。

若经常到巴马去长寿养生游或选择长期居住，可以根据自己的经济状况、个人喜好、投资置业理念等，选择投资建不同类型的住房、购买不同类型的房产、长期租用现有住房等，可自住养生享用或出租获取利润或出售随行就市高出低进；即使不可规避投资置业风险，还留得自住长寿养生享用，给自己一份养生的丰富财富，给父母一份感恩的孝心，给孩子一份休闲度假的惊喜，给爱人一份浪漫温馨的情趣。健康相关的产业永远走不到头，因此要学会自我健康管理、经营健康、转变观念，用最少的时间、资金、精力等的投入，达到最大的健康产出。

通过到巴马去长寿养生游，体验适宜养生的投资置业。

附录A 每个月享寿、食尚、神养、行养、形养、病养、备药、特日等通用要点

1月：

享寿：重点养肾，少咸添苦。宜滋补，苦、温。忌黏硬、生冷

食尚：谷薯豆杂粮：燕麦、糯米、大麦米、高粱米、黑米、红薯、薏米、黄米、小米、粳米、玉米、小麦、苦荞麦、莜麦、红豆、黄豆、黑豆、绿豆、豌豆、芸豆、淮山药、芋头、芡实

鱼畜禽蛋奶：海鱼、甲鱼、鸡肉、鸡蛋、鸽肉、鸭肉、鹅肉、羊肉（禁与南瓜同食）、狗肉（禁与绿豆、杏仁、菱角同食）、海参、牛肉、牛奶、虾皮

蔬菜副食类：大白菜、胡萝卜、白萝卜、大萝卜、小萝卜、南瓜、大油菜、芹菜、生菜、土豆，蘑菇包括香菇、草菇、平菇等，藕、绿豆芽、黄豆芽、豆制品、紫菜、海带、黑木耳、百合、姜、蒜、葱、香菜

水果坚果类：柑、橙、橘、桔、猕猴桃、苹果、甘蔗、山楂、枣、黑芝麻、核桃、杏仁、栗子、南瓜子、松子、莲子、枸杞子、龙眼肉、茯苓、银耳、桂圆

饮品其他类：蜂蜜、红茶

神养：冬应肾而养藏。宜调摄不良情绪

行养：宜早睡晚起，暖头、背、足，多晒太阳

形养：滑冰、打太极拳、大步健行

病养：容易患寒病，慎防寒邪，脑血管疾病、心血管疾病、呼吸系统疾病、感冒、流行性感冒、肺炎、肺心病、脑脊髓膜炎、麻疹、风疹、白喉、腮腺炎、消化性溃疡等多发。夏病冬治

备药：感冒清热冲剂、感冒软胶囊、板蓝根冲剂、止咳橘红丸、复方丹参片、人参健脾丸、六味地黄丸、气滞胃痛冲剂、通宣理肺丸、京万红软膏、伤湿止痛膏、跌打活血散

特日：1 日（元旦）

第一个周日（黑人日）

最后一个周日（世界防治麻风病日，1954 年起）

阴历十二月初八（腊八节）

5 ~7 日小寒交节，冷气积久，天气寒冷但还没有到极点

20 ~21 日大寒交节，一年中最冷的时期

2 月：

享寿：重点养肝，少酸添甘。宜升补，辛、甘、温。

忌酸涩、油腻、生冷、黏硬、刺激性、发物

食尚：谷薯豆杂粮：陈粳米、玉米、大麦米、小米、薏米、黑米、黄米、高粱米、糯米、黄豆、红豆、黑豆、绿豆、豌豆、芸豆、淮山药、芡实、锅巴、燕麦、小麦、苦荞麦、莜麦

鱼畜禽蛋奶：鲫鱼、鲢鱼、海鱼、甲鱼、乌骨鸡、鸡肉、鸡蛋、鹌鹑、鹌鹑蛋、猪肉、动物肝（禁与黄豆、豆腐、鱼同食）、牛奶、虾皮

蔬菜副食类：小萝卜、香菜，蘑菇包括香菇、草菇、平菇等，韭菜、菠菜、荠菜、芹菜、小油菜、春笋、香椿芽、黄豆芽、绿豆芽、豆制品、海带、紫菜、黑木耳、百合、黄花菜、豆豉、蒜（不宜生食）、葱（不宜生食）

水果坚果类：猕猴桃、苹果、柑橘、枣、花生（宜煮不宜炒）、枸杞子、荔枝、芝麻、桑椹、核桃

饮品其他类：蜂蜜、茉莉花茶

神养：春应肝而养生，宜制怒疏泄

行养：宜夜卧早起，穿宽松保暖的衣服忌大汗，衣着宜渐减、减衣不减裤“下厚上薄”、“V”字型装和“H”型运动装，室内宜栽吊兰

形养：跳舞、打太极拳、大步健行

病养：容易患温病，谨防风邪，易发支气管炎、肺炎、流行性感冒、肺结核、白喉、百日咳、麻疹、猩红

热、伤寒、流行性脑脊髓膜炎、流行性腮腺炎、病毒性肝炎等、心血管疾病、脑血管病

备药：羚翘解毒丸、板蓝根冲剂、双黄连口服液、感冒清热冲剂、感冒软胶囊、川贝枇杷露、复方丹参片、乳酶生、酵母片、跌打活血散

特日：2日（世界湿地日，1996年定，1997年起）

4日（世界抗癌日，2000年起）

10日（国际气象节，1991年起）

14日（西方情人节）

21日（国际母语日，1999年定，2000年起）

24日（第三世界青年日，1975年起）

阴历正月初一（春节）

阴历正月十五（元宵节）

3~5日立春交节，大地回春，春天开始，植物开始有生气

18~20日雨水交节，春雨时节开始和降雨量增加，天气变化不定，是全年寒潮过程出现最多的时节之一，忽冷忽热，乍暖还寒

3月：

享寿：重点养肝，少酸添甘。宜升补，辛、甘、温。忌酸涩、油腻、生冷、黏硬、刺激性、发物

食尚：谷薯豆杂粮：陈粳米、玉米、大麦米、小米、薏米、黑米、黄米、高粱米、糯米、黄豆、红豆、黑豆、绿豆、豌豆、芸豆、淮山药、芡实、锅巴、燕麦、小麦、苦荞麦、莜麦

鱼畜禽蛋奶：鲫鱼、鲤鱼、海鱼、甲鱼、乌骨鸡、鸡肉、鸡蛋、鹌鹑、鹌鹑蛋、羊肉（禁与南瓜同食）、猪肉、动物肝（禁与黄豆、豆腐、鱼同食）、牛奶、虾皮

蔬菜副食类：小萝卜、香菜，蘑菇包括香菇、草菇、平菇等，韭菜、菠菜、荠菜、芥菜、芹菜、小油菜、小白菜、生菜、春笋、香椿芽、黄豆芽、绿豆芽、豆制品、海带、紫菜、黑木耳、百合、黄花菜、豆豉、蒜、小葱

水果坚果类：猕猴桃、苹果、柑橘、枣、花生、枸杞子、荔枝、芝麻、桑椹、核桃

饮品其他类：蜂蜜、茉莉花茶

神养：春应肝而养生，宜制怒疏泄

行养：宜夜卧早起，穿宽松保暖的衣服忌大汗，衣着宜渐减、“下厚上薄”、“V”字型装和“H”型运动装，室内宜栽吊兰

形养：踏青、打太极拳、大步健行

病养：容易患温病，谨防风邪，支气管炎、肺炎、流行性感冒、肺结核、白喉、百日咳、麻疹、猩红热、伤寒、流行性脑脊髓膜炎、流行性腮腺炎、病毒性肝炎、

心血管疾病、过敏性疾病，慢性病患者最容易复发

备药：羚翘解毒丸、板蓝根冲剂、双黄连口服液、感冒清热冲剂、感冒软胶囊、川贝枇杷露、蜜炼川贝枇杷膏、复方丹参片、乳酶生、酵母片、气滞胃痛冲剂、跌打活血散

特日：1日（国际海豹日，1983年起）

3日（全国爱耳日，1998年起）

5日（中国志愿者日）

6日（世界青光眼日，2008年起）

8日（国际妇女节，1910年起）

12日（全国植树节，1979年起）

14日（国际警察日，2004年起）

15日（国际消费者权益日，1983年起）

17日（国际航海日。全国国医节，1929年起）

18日（全国爱肝日，2000年起。全国科技人才活动日，1993年起）

21日（世界睡眠日，2001年起。世界儿歌日，1976年起。世界诗歌日，1999年起。国际消除种族歧视日，1966年起。世界林业节又称世界森林日，1971年定，1972年起）

22日（世界水日，1993年起）

23日（世界气象日，1960年定，1961年起）

24日（世界防治结核病日，1995年定，1996年起）

第二个周四（世界肾脏日，2006年起）

最后一个周一（全国中小学安全教育日，1996年起）

阴历二月初二（龙抬头、中国保护母亲河日）

5~7日惊蛰交节，春雷响动，大地回春，天气变暖，万物复苏，冬春交替时期，气温变化幅度加大

20~22日春分交节，季节变更的转折点，春季三个月的一半，这一天昼夜平分，此后转入白天长、夜间短的天气

4月：

享寿：重点养肝，少酸添甘。宜升补，辛、甘、温。忌酸涩、油腻、生冷、黏硬、刺激性、发物

食尚：谷薯豆杂粮：陈粳米、玉米、大麦米、小米、薏米、黑米、黄米、高粱米、糯米、黄豆、红豆、黑豆、绿豆、豌豆、芸豆、淮山药、芡实、锅巴、燕麦、小麦、苦荞麦、莜麦

鱼畜禽蛋奶：鲫鱼、海鱼、甲鱼、乌骨鸡、鸡肉、鸡蛋、鹌鹑、鹌鹑蛋、羊肉（禁与南瓜同食）、猪肉、动物肝（禁与黄豆、豆腐、鱼同食）、牛肉、牛奶、虾皮

蔬菜副食类：小萝卜、香菜，蘑菇包括香菇、草菇、平菇等，韭菜、菠菜、荠菜、竹笋、芹菜、小油菜、小

白菜、生菜、春笋、芥蓝、香椿芽、黄豆芽、绿豆芽、豆制品、海带、紫菜、黑木耳、百合、黄花菜、豆豉、蒜、小葱

水果坚果类：猕猴桃、草莓、樱桃、苹果、柑橘、枣、花生、枸杞子、荔枝、芝麻、桑椹、核桃

饮品其他类：蜂蜜、茉莉花茶

神养：春应肝而养生，宜制怒疏泄

行养：宜夜卧早起，穿宽松保暖的衣服忌大汗，衣着宜渐减、“下厚上薄”、“V”字型装和“H”型运动装，室内宜栽吊兰

形养：春游、打太极拳、大步健行

病养：容易患温病，谨防风邪，支气管炎、肺炎、流行性感冒、肺结核、白喉、百日咳、麻疹、猩红热、伤寒、流行性脑脊髓膜炎、流行性腮腺炎、病毒性肝炎、心血管疾病、红眼病，精神病容易复发，谷雨节气以后是神经痛的发病期

备药：羚翘解毒丸、板蓝根冲剂、双黄连口服液、感冒清热冲剂、川贝枇杷露、蜜炼川贝枇杷膏、复方丹参片、乳酶生、酵母片、气滞胃痛冲剂、跌打活血散。

特日：1 日（西方愚人节）

2 日（国际儿童图书日。西方复活节）

4 日（寒食节）

7 日（世界卫生日，1948 年定 7 月 22 日，1950 年起改）

11 日（世界帕金森病日，1997 年起）

15 日起（全国肿瘤防治宣传周，1995 年起）

21 日（全国企业家活动日，1994 年起）

22 日（世界地球日，1970 年起。世界法律日，1963 年起）

23 日（世界图书和版权日又称世界读书日，1995 年起）

25 日（世界疟疾日，2008 年起。中国计划免疫宣传日又称全国儿童预防接种宣传日，1986 年起）

26 日（世界知识产权日，2000 年定，2001 年起。全国疟疾日，2008 年起）

28 日（世界工作安全健康日，2003 年起）

第三个周日（世界植树节，1872 年定，1885 年起）

最后一个周三（国际秘书日，1952 年起）

第四个周日（世界儿童日，1986 年起）

阴历清明节气（清明节）

全国爱国卫生宣传月（1989 年起）

4～6 日清明交节，进入春暖花开万物生长时节

19～21 日谷雨交节，雨生百谷，中国寒潮天气基本结束，雨量增多

5月：

享寿：重点养心，添苦减甜。宜清补，苦、温。忌油腻、厚味、过食生冷，少辛辣。

食尚：谷薯豆杂粮：苦荞麦、小米、粳米、玉米、大麦米、小麦、燕麦、莜麦、高粱米、黑米、薏米、红豆、黄豆、黑豆、绿豆、豌豆、芸豆、芡实

鱼畜禽蛋奶：甲鱼、青鱼、兔肉、鸡蛋、酸牛奶、虾皮。

蔬菜副食类：苦瓜、丝瓜、南瓜、西葫芦、佛手瓜、金丝瓜、瓠瓜、芹菜、菜花、扁豆、西红柿、黄瓜、茄子、青椒、小白菜、小萝卜、盖菜、莴笋、圆白菜、竹笋、豆制品、海带、紫菜、海藻，蘑菇包括香菇、草菇、平菇等，黑木耳、百合、姜、蒜、葱。

水果坚果类：草莓、花生、山楂、杏、哈密瓜、桃、龙眼肉、杨梅、乌梅、核桃

饮品其他类：绿茶、菊花茶

神养：夏应心而养长，宜息火乐观

行养：宜夜卧早起

形养：放风筝、打太极拳、大步健行

病养：容易患暑病，谨防暑邪，心血管疾病易发，小满节气是皮肤病的高发期

备药：复方丹参片、蜜炼川贝枇杷膏、风油精、跌打活血散

特日：1 日（国际劳动节，1889 年起）

4 日（中国青年节，1949 年起。“五四”运动纪念日，1919 年起。全国科技传播日，1996 年起）

8 日（世界红十字日，1948 年起。世界微笑日，1948 年起）

12 日（国际护士节，1912 年起。全国防灾减灾日，2009 年起）

15 日（国际家庭日，1994 年起）

17 日（世界电讯日，1969 年起）

18 日（国际博物馆日，1978 年起）

19 日（世界肝炎日，2008 年起。中国旅游日，2011 年起）

20 日（全国母乳喂养宣传日，1990 年起。全国学生营养日，1990 年起）

21 日（国际助残日）

22 日（国际生物多样性日，1994 年定 12 月 29 日，2001 年起改）

26 日（世界向人体条件挑战日）

31 日（世界无烟日，1988 年 4 月 7 日定，1989 年起）

第一个周二（世界哮喘日，1998 年定，2000 年起）

第二个周六（世界高血压日，2005 年起）

第二个周日（母亲节）

第三周（全国科技活动周，2001 年起）

第三个周二（国际牛奶日，1961 年起）

第三个周四（全国防治碘缺乏病日，1994 年定，2001 年起）

第三个周日（全国助残日，1991 年起）

世界太极拳月（2000 年起）

5～7 日立夏交节，夏天开始，植物逐渐随温暖的气候生长

20～22 日小满交节，麦粒开始饱满，但还没有成熟，炎热夏季的开始

6 月：

享寿：重点养心，添苦减甜。宜清补，苦、温。忌油腻、厚味、过食生冷，少辛辣。夏至后，重点养脾，添苦少甜。宜清补，苦、温。忌黏硬、油腻、厚味、过食生冷，少辛辣

食尚：谷薯豆杂粮：苦荞麦、小麦、小米、粳米、玉米、大麦米、燕麦、莜麦、高粱米、黑米、薏米、红豆、黄豆、黑豆、绿豆、豌豆、芸豆、芡实

鱼畜禽蛋奶：甲鱼、青鱼、兔肉、鸭蛋、酸牛奶、虾皮

蔬菜副食类：苦瓜、丝瓜、南瓜、西葫芦、佛手瓜、金丝瓜、瓠瓜、芹菜、菜花、洋葱、扁豆、架豆、西红柿、黄瓜、茄子、青椒、马齿苋、小白菜、小萝卜、圆白菜、土豆、豇豆、蚕豆、豆制品、海带、紫菜、海藻，蘑菇包括香菇、草菇、平菇等，黑木耳、百合、姜、蒜、葱

水果坚果类：草莓、花生、山楂、西瓜、杏、哈密瓜、桃、龙眼肉、杨梅、乌梅、核桃

饮品其他类：绿茶、菊花茶

神养：夏应心而养长，宜息火乐观。夏至后，宜静心养神健脾

行养：宜夜卧早起，背心护胸背“兜肚”

形养：海滨和山区旅游、打太极拳、大步健行

病养：容易患暑病，谨防暑邪，心血管疾病、食物中毒、急性胃肠炎、口腔疾病。夏至后，容易患湿病，防湿邪，食物中毒、急性胃肠炎、细菌性痢疾、中暑、流行性乙型脑炎高发期

备药：复方丹参片、氟哌酸、牛黄解毒丸、银翘解毒丸、蜜炼川贝枇杷膏、气滞胃痛冲剂、风油精。夏至后应常备氟哌酸、藿香正气软胶囊、银翘解毒丸、蜜炼

川贝枇杷膏、气滞胃痛冲剂、金匮肾气丸、人参健脾丸、枳术丸、清凉油、风油精、跌打活血散

特日：1 日（国际儿童节，1949 年起。世界牛奶日，2000 年起）

5 日（世界环境日，1972 年起）

6 日（全国爱眼日，1996 年起）

11 日（全国人口日）

14 日（世界无偿献血者日，2004 年起）

17 日（世界防止荒漠化和干旱日，1994 年起）

20 日（世界难民日，2000 年定，2001 年起）

21 日（世界运动神经元病日，2000 年起）

22 日（中国儿童慈善活动日，2002 年起）

23 日（国际奥林匹克日，1894 年起。世界手球日）

24 日（世界卒中日，2005 年起）

25 日（全国土地日，1991 年起）

26 日（国际禁毒日，1987 年起）

29 日（全国科普行动日，2003 年起）

30 日（世界青年联欢节，1986 年定，1987 年起）

第三个周日（父亲节）

阴历五月初五（端午节）

5 ~7 日芒种交节，小麦、大麦等有芒的作物收获或晚谷、黍、稷播种

21~22 日夏至交节，季节变更的转折点，白昼最长，以后白昼就一天比一天短

7 月：

享寿：重点养脾，添苦少甜。宜淡补，苦、温。忌黏硬、油腻、厚味、过食生冷，少辛辣

食尚：谷薯豆杂粮：糯米、小麦、小米、薏米、大麦米、粳米、玉米、苦荞麦、燕麦、莜麦、高粱米、黑米、淮山药、红豆、黄豆、黑豆、绿豆、豌豆、芸豆、芡实

鱼畜禽蛋奶：甲鱼、青鱼、兔肉、鸭肉、鸡蛋、酸牛奶、虾皮

蔬菜副食类：白扁豆、架豆、苦瓜、丝瓜、冬瓜、南瓜、西葫芦、佛手瓜、金丝瓜、瓠瓜、芹菜、甘蓝、西红柿、黄瓜、茄子、青椒、小白菜、小萝卜、圆白菜、土豆、豇豆、豆制品、海带、紫菜、海藻，蘑菇包括香菇、草菇、平菇等，黑木耳、百合、姜、蒜、葱

水果坚果类：草莓、花生、山楂、枣、西瓜、杏、哈密瓜、桃、荔枝、杨梅、乌梅、莲子、榛子仁、核桃

饮品其他类：绿茶、菊花茶

神养：长夏应脾而养化，宜静心养神健脾

行养：宜夜卧早起，背心护胸背“兜肚”

形养：游泳、海滨和森林旅游、打太极拳、大步健行

病养：容易患湿病，谨防湿邪，食物中毒、急性胃肠炎、细菌性痢疾、中暑、流行性乙型脑炎易发季。冬病夏治

备药：氟哌酸、藿香正气软胶囊、银翘解毒丸、蜜炼川贝枇杷膏、气滞胃痛冲剂、金匮肾气丸、人参健脾丸、枳术丸、清凉油、风油精、跌打活血散

特日：1日（世界建筑节，1985年定，1986年起。中国共产党成立纪念日，1921年起。香港回归纪念日，1997年起）

7日（中国人民抗日战争纪念日，1937年起）

8日（世界过敏性疾病日，2005年起）

11日（世界人口日，1987年定，1990年起）

26日（世界语（言）创立日，1887年起）

28日（世界肝炎日，2010年起）

第一个周六（国际合作节，1992年定，1995年起）

6~8日小暑交节，气候炎热但还没有热到极点

22~24日大暑交节，炎热到极点

8月：

享寿：重点养肺，少辛添酸。宜平补，以润清燥。

忌辛辣、刺激性、生冷，少食寒凉

食尚：谷薯豆杂粮：新粳米、薏米、糯米、黄米、玉米、大麦米、小麦、小米、燕麦、莜麦、黑米、高粱米、红豆、芸豆、黄豆、黑豆、绿豆、豌豆、芸豆、芡实、淮山药

鱼畜禽蛋奶：鱿鱼、鲫鱼、泥鳅、乌骨鸡、鳖肉、鸭肉、鸭蛋、牛肉、酸牛奶、虾皮

蔬菜副食类：丝瓜、冬瓜、南瓜、架豆、豇豆、白萝卜、圆白菜、茄子、小油菜、小白菜、小萝卜、西红柿、黄瓜、青椒，蘑菇包括香菇、草菇、平菇等，藕、豆制品、海带、紫菜、白木耳、黑木耳、百合

水果坚果类：香蕉、苹果、葡萄、橙子、柚子、橘子、芦柑、广柑、金橘、阳桃、芒果、石榴、柠檬、菠萝、荸荠、菱角、杏仁、梨、甘蔗、枣、枸杞子、莲子、银耳、核桃、芝麻、花生、山楂、白果、橄榄

饮品其他类：蜂蜜、豆浆、饴糖、乌龙青茶

神养：秋应肺而养收，宜宁志乐观

行养：宜早睡早起，缓穿缓脱，穿轻薄保暖但不感热的衣服，勤吐纳

形养：打太极拳、大步健行

病养：容易患燥病，谨防燥邪，霍乱、伤寒、支气管哮喘、心血管疾病、关节炎、肠道传染病、疟疾、流

行性乙型脑炎，旧病如胃病、慢性支气管炎、支气管哮喘等病容易复发

备药：口服补液盐、银翘解毒丸、蜜炼川贝枇杷膏、气滞胃痛冲剂、复方丹参片、六味地黄丸、风油精

特日：1 日（中国人民解放军建军节，1927 年起）

1 日~7 日（世界母乳喂养周，1992 年起）

8 日（全国全民健身日，2009 年起）

26 日（全国律师咨询日，1980 年起）

阴历七月初七（七夕。中国情人节）

阴历七月十五（鬼节）

7 ~9 日立秋交节，秋天开始，植物快成熟

22 ~24 日处暑交节，暑天将终止

9 月：

享寿：重点养肺，少辛添酸。宜平补，以润清燥。忌辛辣、刺激性、生冷，少食寒凉

食尚：谷薯豆杂粮：玉米、新粳米、薏米、糯米、小米、黄米、大麦米、小麦、燕麦、莜麦、黑米、高粱米、红豆、黄豆、黑豆、绿豆、豌豆、芸豆、芡实、淮山药、芋头

鱼畜禽蛋奶：虾、鱿鱼、鲥鱼、泥鳅、乌骨鸡、鳖肉、鸭肉、鸭蛋、牛肉、酸牛奶、虾皮

蔬菜副食类：扁豆、架豆、丝瓜、南瓜、豇豆、豌豆、白萝卜、大萝卜、大白菜、圆白菜、茄子、小油菜、小白菜、小萝卜、西红柿、黄瓜、青椒，蘑菇包括香菇、草菇、平菇等，藕、豆制品、海带、紫菜、白木耳、黑木耳、百合、蒜

水果坚果类：香蕉、苹果、葡萄、橙子、柚子、橘子、芦柑、广柑、金橘、阳桃、芒果、无花果、石榴、柠檬、菠萝、荸荠、菱角、杏仁、梨、甘蔗、枣、枸杞子、莲子、银耳、核桃、芝麻、花生、山楂、白果、橄榄、桂花

饮品其他类：蜂蜜、豆浆、饴糖、乌龙青茶

神养：秋应肺而养收，宜宁志乐观

行养：宜早睡早起，缓穿缓脱，穿轻薄保暖但不感热的衣服，勤吐纳

形养：秋游、打太极拳、大步健行

病养：容易患燥病，谨防燥邪，霍乱、伤寒、鼻腔疾病、支气管哮喘、心血管疾病、关节炎、肠道传染病、疟疾、流行性乙型脑炎，旧病如胃病、慢性支气管炎、支气管哮喘等病容易复发

备药：口服补液盐、氟哌酸、银翘解毒丸、感冒软胶囊、气滞胃痛冲剂、复方丹参片、六味地黄丸、跌打活血散

特日：3 日（中国人民抗日战争胜利纪念日，1945 年起）

8 日（世界狂犬病日，2007 年起。国际扫盲日，1966 年起。国际新闻工作者日，1985 年定）

10 日（世界预防自杀日，2003 年起。中国教师节，1985 年起）

14 日（世界清洁地球日，1993 年起）

16 日（国际保护臭氧层日，1995 年起。中国脑健康日，2000 年起）

20 日（全国爱牙日，1989 年起。全国公民道德宣传日，2003 年起）

21 日（世界老年性痴呆病宣传日，1994 年起）

25 日（全国律师日，2004 年起）

27 日（世界旅游日，1979 年起）

第三个周二（国际和平日，1981 年定，2002 年起）

第三个周六（全民国防教育日，2001 年起）

最后一个周一（世界海事日，1977 年定 3 月 17 日，1978 年起，1979 年起改）

最后一个周日（世界心脏日，1999 年定，2000 年起。国际聋人节，1958 年起）

阴历八月十五（中秋节）

7 ~ 9 日白露交节，天气开始转凉，标志着炎热向凉

爽的过渡，是全年昼夜温差最大的一个节气

22~24日秋分交节，季节变更的转折点，秋季三个月的一半，这一天昼夜平分，此后转入白天短夜间长的天气

10月：

享寿：重点养肺，少辛添酸。宜平补，以润清燥。忌辛辣刺激性、生冷食物，少食寒凉

食尚：谷薯豆杂粮：玉米、新粳米、薏米、小米、糯米、黄米、大麦米、高粱米、小麦、黑米、燕麦、莜麦、红薯、红豆、黄豆、黑豆、绿豆、豌豆、芸豆、芡实、淮山药、芋头

鱼畜禽蛋奶：虾、鲫鱼、鱿鱼、鲥鱼、泥鳅、乌骨鸡、鳖肉、鸭肉、鸭蛋、牛肉、酸牛奶、虾皮

蔬菜副食类：白萝卜、胡萝卜、大萝卜、大白菜、莴笋、土豆、丝瓜、南瓜、豌豆、圆白菜、大油菜、茄子、芹菜、小萝卜，蘑菇包括香菇、草菇、平菇等，藕、豆制品、海带、紫菜、白木耳、黑木耳、百合、蒜

水果坚果类：香蕉、苹果、葡萄、橙子、柚子、橘子、芦柑、广柑、金橘、阳桃、芒果、无花果、石榴、柠檬、菠萝、荸荠、菱角、杏仁、梨、甘蔗、枣、枸杞子、莲子、银耳、核桃、芝麻、花生、山楂、白果、橄

榄、葵花子

饮品其他类：蜂蜜、豆浆、饴糖、乌龙青茶

神养：秋应肺而养收，宜宁志乐观

行养：宜早睡早起，缓穿缓脱，穿轻薄保暖但不感热的衣服，勤吐纳

形养：爬山、打太极拳、大步健行

病养：容易患燥病，谨防燥邪，霍乱、伤寒、支气管哮喘、心血管疾病、关节炎、肠道传染病、疟疾、流行性乙型脑炎、消化性溃疡、感冒，旧病如胃病、慢性支气管炎、支气管哮喘等病容易复发

备药：口服补液盐、氟哌酸、银翘解毒丸、感冒软胶囊、气滞胃痛冲剂、养阴清肺膏、复方丹参片、六味地黄丸、跌打活血散

特日：1 日（中华人民共和国国庆节，1949 年起。国际老人节，1991 年起。国际音乐日，1979 年定，1980 年起）

2 日（国际和平与民主自由斗争日，1949 年起。国际非暴力日，2007 年起）

4 日（世界动物日）

5 日（世界教师日，1994 年起）

7 日（世界造口日，1997 年起）

8 日（全国防治高血压日，1998 年起）

9 日（国际邮政日，1969 年起）

10 日（世界精神卫生日，1992 年起。世界居室卫生日）

11 日（世界爱眼日。世界镇痛日，2004 年起）

12 日（世界关节炎日，1999 年起）

13 日（世界保健日，1950 年起。国际教师节）

14 日（世界标准日，1946 年定）

15 日（国际盲人日，1984 年起）

16 日（世界疼痛日。世界粮食日，1979 年定，1981 年起）

17 日（世界消除贫困日，1992 年起）

20 日（世界厨师日，2004 年定。中国厨师节，1999 年定。世界骨质疏松日，1996 年定 6 月 24 日，1998 年起改）

22 日（世界传统医药日，1991 年起。国际口吃日，1998 年起）

24 日（联合国日，1947 年起。世界发展信息日，1972 年起）

26 日（世界足球日，1863 年起）

28 日（全国男性健康宣传日，2000 年起）

31 日（世界勤俭日，1942 年起）

第一个周一（国际住房日，1985 年起。世界建筑日，

1996年起）

第二个周三（国际减灾日，1989年起）

第二个周四（世界视觉日）

阴历九月初九（重阳节）

8~9日寒露交节，气候将逐渐由凉转冷，标志着凉爽向寒冷的转折

23~24日霜降交节，见霜了

11月：

享寿：重点养肾，少咸添苦。宜滋补，苦、温。忌黏硬、生冷

食尚：谷薯豆杂粮：燕麦、糯米、高粱米、黑米、红薯、薏米、黄米、小米、粳米、玉米、大麦米、小麦、苦荞麦、莜麦、红豆、芸豆、黑豆、黄豆、绿豆、豌豆、淮山药、芡实、芋头

鱼畜禽蛋奶：海鱼、甲鱼、鸡肉、鸡蛋、鸽肉、鸭肉、鹅肉、羊肉（禁与南瓜同食）、狗肉（禁与绿豆、杏仁、菱角同食）、牛肉、牛奶、虾皮

蔬菜副食类：大白菜、胡萝卜、白萝卜、大萝卜、黄瓜、南瓜、大油菜、芹菜、土豆，蘑菇包括香菇、草菇、平菇等，藕、绿豆芽、黄豆芽、豆制品、紫菜、海带、黑木耳、百合、姜、蒜、葱、香菜

水果坚果类：柑、橙、橘、桔、甘蔗、山楂、枣、黑芝麻、核桃、杏仁、栗子、南瓜子、松子、莲子、枸杞子、龙眼肉、茯苓

饮品其他类：蜂蜜、红茶

神养：冬应肾而养藏。宜调摄不良情绪

行养：宜早睡晚起，暖头、背、足，多晒太阳

形养：球类运动、打太极拳、大步健行

病养：容易患寒病，谨防寒邪，脑血管疾病、心血管疾病、呼吸系统疾病、感冒、流行性感冒、脑脊髓膜炎、麻疹、白喉、腮腺炎易复发

备药：感冒清热冲剂、感冒软胶囊、板蓝根冲剂、止咳橘红丸、复方丹参片、人参健脾丸、六味地黄丸、京万红软膏、伤湿止痛膏、跌打活血散

特日：1 日（西方万圣节）

8 日（中国记者节，2000 年定）

9 日（全国消防宣传日，1992 年起）

10 日（世界青年节）

14 日（国际防治糖尿病日，1991 年起。联合国糖尿病日，2007 年起）

16 日（国际宽容日，1995 年起）

17 日（国际大学生节。国际学生日，1946 年定）

20 日（中国卒中教育日，2007 年起。世界儿童日）

21日（世界问候日，1973年起。世界电视日，1996年起）

25日（国际消除对妇女的暴力日，1999年定）

第一周（全国《食品卫生宣传法》周，2006年起）

第三个周三（世界慢性阻塞性肺疾病日，2002年起）

第四个周四（西方感恩节，美国1621年起）

全球肺癌关注月（2001年起）

7~8日立冬交节，冬天开始，万物收藏，规避寒冷

22~23日小雪交节，降雪但还不多

12月：

享寿：重点养肾，少咸添苦。宜滋补，苦、温。忌黏硬、生冷

食尚：谷薯豆杂粮：燕麦、糯米、高粱米、黑米、红薯、薏米、黄米、小米、粳米、玉米、大麦米、小麦、苦荞麦、莜麦、红豆、芸豆、黑豆、黄豆、绿豆、豌豆、淮山药、芋头、芡实

鱼畜禽蛋奶：海鱼、甲鱼、鸡肉、鸡蛋、鸽肉、鸭肉、鹅肉、羊肉（禁与南瓜同食）、狗肉（禁与绿豆、杏仁、菱角同食）、海参、牛肉、牛奶、虾皮

蔬菜副食类：大白菜、胡萝卜、白萝卜、大萝卜、小萝卜、南瓜、大油菜、芹菜、生菜、盖菜、西红柿、

黄瓜、茄子、青椒、土豆，蘑菇包括香菇、草菇、平菇等，藕、绿豆芽、黄豆芽、豆制品、紫菜、海带、黑木耳、百合、姜、蒜、葱、香菜

水果坚果类：柑、橙、橘、桔、猕猴桃、苹果、甘蔗、山楂、枣、黑芝麻、核桃、杏仁、栗子、南瓜子、松子、莲子、枸杞子、龙眼肉、茯苓、银耳、桂圆

饮品其他类：蜂蜜、红茶

神养：冬应肾而养藏。宜调摄不良情绪

行养：宜早睡晚起，暖头、背、足，多晒太阳

形养：打太极拳、大步健行

病养：容易患寒病，谨防寒邪，脑血管疾病、心血管疾病、呼吸系统疾病、感冒、流行性感冒、肺炎、脑脊髓膜炎、麻疹、白喉、腮腺炎等病易复发

备药：感冒清热冲剂、感冒软胶囊、板蓝根冲剂、止咳橘红丸、复方丹参片、人参健脾丸、六味地黄丸、京万红软膏、伤湿止痛膏、跌打活血散

特日：1 日（世界艾滋病防治宣传运动，1988 年起）

3 日（国际残疾人日，1992 年定）

4 日（全国法制宣传日，2001 年起）

5 日（国际志愿者日，1985 年定，1986 年起）

7 日（国际民航日，1994 年起）

9 日（国际反腐败日，2003 年起。一二·九运动，

1935 年起）

10 日（世界人权日，1948 年起）

11 日（世界防治哮喘日，2001 年起）

15 日（世界强化免疫日，1988 年起）

20 日（澳门回归纪念日，1999 年起）

21 日（国际篮球日，1891 年起）

24 日（平安夜）

25 日（圣诞节，1067 年起）

第二个周日（国际儿童广播电视日，1997 年起）

6 ~8 日大雪交节，降雪将多起来

21 ~23 日冬至交节，季节变更的转折点，这一天起渐入严寒，这一天白昼最短，以后白昼一天比一天长

附录B　逃生秘诀

附录内容记心头，

危难时大显身手！

安全是长寿的前提，安全没有保障，长寿从何而来?! 意外伤害，人就不能长寿；没有安全，再具备长寿的条件，长寿也是空中楼阁，无源之水，无本之木；没有健康安全，一切都只是零。

事实表明：每年大量的人，属于非正常死亡，死于自然灾害、突发灾难事件，死于愚昧和无知。“汽车亲嘴儿，火车打滚儿，飞机沉底儿，船上房顶儿……”自然灾害、突发灾难事件此起彼伏，出没无常；有增无减，负担日重；纷至沓来，层出不穷。

逃生是一个极为复杂的工程，它需要科学的技术和方法。普及健康安全科学知识，有益于提高全民健康安全意识，达到健康长寿的目的；有益于消除人们盲目恐慌，指导人们日常生活；有益于社会稳定与发展。编著科学合理、简便实用、并且能让人们快速掌握自然灾害、突发灾难逃生秘诀概貌的内容就很有必要，对国家、社会、个人都有益。

每个人都在祈求平安，但天有不测风云。灾害随时发生，危险随时会出现在我们身边。当大灾难来临之际，逃生是唯一选择。只要冷静、机智运用逃生秘诀，就有极大可能拯救自己，困境中获得第二次生命。平时多准备，险时少流泪。有些方法可能一生都用不到，有些秘诀可能一生只用一次；有的一生仅用一次的知识，可能会挽救一个或更多的生命。

附录内容记心头，危难时大显身手！为救自己一命，请耐心花费一点时间，细读附录并牢记，以备不时之需！记住此三字经，给生命微薄的投资，极可能会得到鲜活生命的回报！虽然某些灾难人类目前无法避免和控制，但掌握逃生秘诀，可将伤害降到最低。

危难关头如何去应对自然灾害、突发灾难事件，笔者把逃生秘诀内容系统创著成三字经，内容涉及自然灾害、突发灾难等21个方面，温馨提示中有家庭应急电话以备不时之需。突出特点是，三字经容易记忆，言简意赅，快速掌握方法；事实证明简便实用、安全有效。本附录是个人、家庭自用的精华版贴身必备内容。

一、自然灾害逃生秘诀

1. 大地在颤抖——地震

定预案，常演练；熟移转，逃路线。

平时备，逃生褳；在明处，放手边。内容物，要备全：瓶装水，缩饼干；脱水菜，方便饭；淡干果，干麦片；听罐头，易开餐；防过期，定期换；收音机，全波段；调频幅，袖珍显；数字式，加手电；电源靠，手充电；荧光棒，物鲜艳；救生绳，刀要含；厚手套，是棉线；附加强，橡胶垫；防灾帽，罩口脸；薄雨衣，应急毯；灭火器，伤药含；高频哨，中管钳；贵重物，加现钱；写血型，号电联；运动鞋，衣保暖。

经常要，排隐患；畅通道，利逃远；伤亡免，损失减。

地震到，镇静敛；电、火源，马上关；温、压管，关运转；阀门关，避爆燃；气、水、电，尽快关；毒气源，要监管。

据实况，异分辨；就近躲，要果断；阳台、窗，梁都远；勿站在，房中间；不乱跑，勿慌乱；人多处，怕混乱；避人流，摔挤免；拥挤乱，有危险；高楼跳，逃生难；夺门逃，最不选；除非是，快如箭；近外墙，少阻拦；万一在，电梯间；各楼层，钮全按；一旦停，速离远；电梯中，若被关；专电话，与外联；乘电梯，逃生难；在楼梯，速离远；力最弱，会形变；远地道，防塌陷。

点明火，勿随便；防空气，易爆燃；应急灯，备用电；非紧急，勿来电。

“安全角”，身体蜷；小开间，把命攥；降重心，摔倒免；护头颈，要害段；快护头，顶厚垫；湿毛巾，口鼻掩；免窒息，防尘、烟；灰尘大，忙闭眼；冷静选，抓物坚。

遇滚石，旁开散；远河、湖，避水边；防落水，因岸坍；开阔地，速移转。

车行时，抓紧点；防物品，砸伤免；正向位，护头面；反向位，身体蜷；护后脑，别忘干。

开车时，把速减；离桥身，要躲远；选空地，停靠边；离开车，躺车边；避难时，车窗关；车钥匙，插锁眼；锁车门，不要干；坏路桥，勿越穿。

未解除，震危险；返室内，勿随便。

以下处，皆危险；勿停留，要离远：高大物，电线杆；广告牌，挂物悬；高烟囱，玻璃面；变压器，吊车边；窄街道，堆料边；水塔下，大树边；路灯下，电缆线；高耸物，高门脸；化工厂，堆瓦砖；高山脚，陡峭山；溶洞上，裂带断；立交桥，陡崖边；大水渠，河、湖边；地下水，位较浅；海沙滩，海面、岸。

防次生，灾害显。

持续震，范围限；几步内，安全边；安全后，再离远。

若掩埋，坚信念；先自救，扩空间；给生存，稳空间；勿大动，扬尘免；若受伤，要止、按；稳情绪，不哭喊；勿急躁，等救援；存体力，生命延；若未救，长时间；节饮食，待外援；逃避险，要乐观；保精力，不耗完；无益动，死都冤；有人近，硬物弹；抓机会，与外联；防余震，增新险。

营救前，细盘算；营救时，保安全；防工具，伤人员；防破坏，支撑间；新垮塌，再遇险；要畅通，闭空间；露出头，施救先；呼吸道，畅通全；水降尘，窒息免；若埋压，长时间；被救出，刺激免；深色布，蒙上眼；拉拖拽，伤害严；快抢救，送医点。

地震后，有序散；快远离，保安全；信谣言，就混乱；用头脑，理性断；收音机，信息源；听广播，知全面；伤情检，查隐患；找泄漏，禁火燃；开电筒，进屋前；若泄漏，火花免；不要动，电开关；莫触摸，落电线；电线损，断电源；塞下水，倒流免；不安全，寻救援；心压力，要解缓；助自己，很简便；休息好，保睡眠；要放松，勤锻炼；保营养，与患战；有需要，向友谈；内心感，勿隐瞒；忘痛苦，勿强勉；与家人，同分担。

避难时，徒步赶；要穿鞋，防碎片；棉制穿，无化纤；携带物，最少限；开车避，有危险。

2. 海洋在咆哮——海啸

定预案，常演练；熟移转，逃路线。

经常要，排隐患；畅通道，利逃远；伤亡免，损失减。

地震时，快离岸；到高处，速避难；海啸到，水席卷；多时后，可及远。

大海水，异常敛；海平面，降明显；海生物，留浅滩；勿观看，勿去捡；海突然，涨落反；水泡冒，巨浪见；高或低，很明显；最快速，离开岸；向内陆，高处转。

海上船，海啸卷；勿回港，勿靠岸；驶深海，相对安。

3. 地架在坍塌——滑坡（山体崩塌、雪崩、地面塌陷）

定预案，常演练；熟移转，逃路线。

经常要，排隐患；畅通道，利逃远；伤亡免，损失减。

不外出，不外干；要注意，地形变；地开裂，沉降面。

以下处，皆危险；勿停留，要离远：陡峭地，斜坡段；山坡度，大过半；坡成凹，突危岩；孤山嘴，裂缝山。

滑坡体，下滑显；垂直于，滑坡边；往侧外，快逃远；滑坡体，堆积圈；向两侧，高处赶；勿跑向，对面山；尽快到，安全段；逃不及，躺沟坎。

朝雪崩，选侧面；向旁边，跑安全；抛弃掉，笨重件；快逃生，口鼻掩；抓稳固，矗立岩；若冲下，爬雪面；逆流上，逃流缘。

4. 天公在盛怒——雷电

定预案，常演练；熟移转，逃路线。

经常要，排隐患；畅通道，利逃远；伤亡免，损失减。

以下处，皆危险；勿停留，要离远：高大物，站旁边；孤凸出，制高点；空旷地，电线杆；高耸物，高塔边；天线塔，架空线；广告牌，挂物悬；暖气管，下水管；铁丝网，金属管；铁轨旁，铁栅栏；墙体面，湿墙壁；游泳池，湖泊面；敞开式，车或船；金属物，设备含；无防雷，电器件；勿使用，要记全。

若赶上，雷电闪；关门窗，拔电源；球形雷，防入窜；勿洗澡，手机关；干衣穿，远水面；一定要，拔天线；水龙头，勿开关；金属物，摘掉全；勿跑动，快离远；步小些，速度慢；有距离，人之间；手和臂，离地面；密集树，找安全；勿成为，最高点；马上蹲，降高点；拢双脚，膝臂蜷；头下俯，低凹选；勿平躺，在地面；金属物，勿扛肩；金属壳，钻车船；身带电，倒地面；受伤者，防感染。

5. 天宫在泄漏——暴雨

定预案，常演练；熟移转，逃路线。

经常要，排隐患；畅通道，利逃远；伤亡免，损失减。

清积水，断电源。

贴物走，防坑陷。

不外出，防洪添。

6. 江河在发泄——洪水

定预案，常演练；熟移转，逃路线。

经常要，排隐患；畅通道，利逃远；伤亡免，损失减。

受蛊惑，易混乱。

知洪水，先、后淹；洪水到，就近转；避洪台，高地、山；泥坯房，不牢坚；若发现，电线断；速避远，防触电。

不得已，抓浮件；快设法，与外联；报位、情，寻救援；别指望，游泳还（huan）；别指望，渡河还（huan）。

洪水后，仍危险；水急流，把膝漫；徒步越，逃生难。

7. 泥水在倾泻——泥石流

定预案，常演练；熟移转，逃路线。

经常要，排隐患；畅通道，利逃远；伤亡免，损失减。

勿停、走，沟谷间；尤其是，下雨天；越沟谷，先细观；安全后，再越穿；大雨后，勿野玩；河沟中，勿劳干；去野外，气象谙。

以下处，皆危险；勿停留，要离远：河沟道，弯凹岸；地狭小，低凸岸；低平洼，沟谷片。

火车鸣，闷雷般；动静声，连不断；从深谷，沟内传；下游水，突流断；有险情，冷静判；河突断，有危险；水突大，枝草含；泥石流，即到前；向两侧，坡上转。

影响逃，物不敛；向沟谷，两侧蹿；向高坡，拼命颠；向开阔，高地赶；路线寻，找最短；垂直于，流向蹿；越高、快，机会添；陡坡下，躲灾难；树枝上，逃生难。

勿站在，流岸边；为保命，勿观看；河谷边，石后面；勿躲此，极危险。

8. 气流在飞驰——台风

定预案，常演练；熟移转，逃路线。

经常要，排隐患；畅通道，利逃远；伤亡免，损失减。

平时备，逃生袿；在明处，放手边。内容物，要备全：瓶装水，缩饼干；脱水菜，方便饭；淡干果，干麦片；听罐头，易开餐；防过期，定期换；收音机，全波段；调频、幅，袖珍显；数字式，加手电；电源靠，手充电；荧光棒，物鲜艳；救生绳，刀要含；厚手套，是棉线；附加强，橡胶垫；防灾帽，罩口脸；薄雨衣，应急毯；灭火器，伤药含；高频哨，中管钳；贵重物，加现钱；写血型，号电联；运动鞋，衣保暖。

查准备，要完善；居住区，要安全；经常要，排隐患；低洼地，防被淹；畅通道，利逃远；伤亡免，损失减。

台风前，重防范；门和窗，坚固检；都要关，捆牢栓；危旧房，临时建；取挂悬，固定坚；及时清，排水管；检设施，是否安；险水库，危地段；涉人员，及时转；河湖海，桥堤岸；勿上走，把命断；台风区，勿游玩；勿游泳，到海滩；勿出海，勿驾船；强风区，勿车赶；出海船，回港湾；就近避，躲患难。

台风到，镇静敛；电、火源，马上关；温、压管，关运转；阀门关，避爆燃；气、水、电，尽快关；毒气源，要监管。

以下处，皆危险；勿停留，要离远：高大物，电线杆；广告牌，挂物悬；高烟囱，玻璃面；变压器，吊车边；窄街道，堆料边；水塔下，大树边；路灯下，电缆线；高耸物，高门脸；化工厂，堆瓦砖；大水渠，河、湖边；海沙滩，海面、岸。

勿外出，行走慢；停集会，会议免；停集中，上课免；停高空，水上免。

防次生，灾害显；泥石流，防洪添；山滑坡，地形变。

防坏人，趁机干；护治安，备值班；勿随意，气、水、电。

9. 空气在旋转——龙卷风

定预案，常演练；熟移转，逃路线。

经常要，排隐患；畅通道，利逃远；伤亡免，损失减。

龙卷云，要会看；呼哨声，来自远；乘汽车，遇龙卷；立停车，下车散；出汽车，要离远；防汽车，被风卷；风方向，相反安；低洼地，体保全；快趴下，贴地面；抱头蹲，小开间；地下室，藏里边。

以下处，皆危险；勿停留，要离远：高大物，电线杆；广告牌，挂物悬；高烟囱，玻璃面；变压器，吊车边；窄街道，堆料边；水塔下，大树边；路灯下，电缆线；高耸物，高门脸；外墙壁，门窗边；化工厂，堆瓦砖；大水渠，河、湖边；海沙滩，海面、岸。

10. 尘土在飞扬——沙尘暴

定预案，常演练；熟移转，逃路线。

经常要，排隐患；畅通道，利逃远；伤亡免，损失减。

门窗关，出门免；蒙住头，戴罩面；不乱跑，空旷田；趴高坡，背风面。

以下处，皆危险；勿停留，要离远：高大物，大树边；广告牌，挂物悬；高耸物，危房边。

11. 仙鬼在缭绕——大雾

定预案，常演练；熟移转，逃路线。

经常要，排隐患；畅通道，利逃远；伤亡免，损失减。

门窗关，出门免；戴口罩，不外炼；户外事，不要干；若外出，戴罩面；车停靠，不向前。

12. 水晶在飞舞——冰雪

定预案，常演练；熟移转，逃路线。

经常要，排隐患；畅通道，利逃远；伤亡免，损失减。

没急事，出门免。

13. 地火在吐出——火山喷发

定预案，常演练；熟移转，逃路线。

经常要，排隐患；畅通道，利逃远；伤亡免，损失减。

喷发前，隆声传；冒蒸气，刺激伴；硫磺味，呛人喘；戴头盔，防射弹；护目镜，防伤眼；口和鼻，湿布掩；防毒罩，通气管。

喷发到，远熔岩；气状物，躲着点；入水中，暂不喘；脱衣服，洗净算；干净水，冲洗眼；火山灰，滑路面；勿要走，峡谷线。

二、突发灾难逃生秘诀

1. 火神在肆虐——火灾

定预案，常演练；熟移转，逃路线；先记牢，不忙乱；公共地，记疏散。

平时备，逃生裢；在明处，放手边。内容物，要备全：防烟具，加手电；电源靠，手充电；荧光棒，物鲜艳；救生绳，刀要含；厚手套，是棉线；附加强，橡胶垫；防灾帽，罩口脸；薄雨衣，应急毯；灭火器，伤药含；高频哨，中管钳；贵重物，加现钱；写血型，号电联。

经常要，排隐患；畅通道，利逃远；便逃生，便救援；后路断，命危险；勿堆物，勿护拦；速通过，保安全；伤亡免，损失减。

火灾到，镇静敛；电、火源，马上关；温、压管，关运转；阀门关，避爆燃；气、水、电，尽快关；毒气源，要监管。

火势态，正确判；不盲目，勿往返；勿拥挤，勿惊窜；随机变，快脱险；防侥幸，先安全；逃、报、呼，结合干；早报警，初火传；易扑灭，没事件；消防车，未到前；快行动，扑救办；灭火器，消防栓；常化险，转危安；先救火，后运搬；片刻延，易成患。

家庭火，断电源；开门窗，不贸然；免对流，促蔓延。

据实况，异分辨；不盲从，勿慌乱；火势小，楼下散；高楼逃，通道颠；通道断，逆烟选；据风向，逆风散；上风处，避焰、烟；到阳台，暂避险；乘电梯，极危险；此道理，很简单；梯电源，容易断；给救援，增加难；涌入梯，成火烟；毒气呛，熏浓烟；背后门，随手关；火浓烟，减蔓延；湿衣被，把身缠；湿毛巾，口鼻掩；呼吸小，还要浅；免叫喊，防毒烟；匍匐逃，贴地面；床桌下，勿内钻；阁楼内，勿乱钻；壁橱内，勿乱钻；朝亮处，空地散；逃生时，人流般；一只手，护胸前；承外力，用背、肩；另只手，毛巾缠；水沾湿，口鼻掩；防毒气，吸入惨；安全道，来疏散；选简便，避危险；身着火，勿打、煽；连打滚，灭火团；不乱跑，保安全。

火势大，若道断；逃生路，被切断；创避难，守待援；逃不了，门窗关；湿床单，堵缝边；门已烫，水致寒；卫生间，有水源；可燃物，水勤涮；水泼湿，隔火端；使火、烟，缩空间；防火、烟，防蔓延；免砸伤，找方便；害羞心，不用管；财和物，不贪恋；青山在，有柴攒；携带物，尽量减；寻贵重，费时间；快速躺，滚墙边；沿墙壁，摸索前；硬物敲，在白天；窗台边，晃鲜艳；在晚上，亮手电；引注意，不停闪；暴露己，易发现；选靠近，道路边；有窗户，口安全；近出口，择房间；便疏散，争取援；逃生绳，用水灌；固定物，结实拴；渔人结，快速编；不松脱，用安全；脚绞状，夹绳辫；手交替，往下沿；护手心，滑降缓；顺绳滑，脱离险；跳高楼，很冒险；跳矮楼，技巧专；除非是，准备全；消防员，救生垫；选地面，落脚点；先抛下，厚床垫；厚棉被，沙发垫；抱松软，打大伞；冲击力，以减缓；徒手跳，抓窗沿；使身体，自然展；落差距，以缩短；手抱头，落地前；双膝曲，力缓弹；身体蜷，卷成团。

空旷地，转移选；把车停，立逃远；已离险，莫重返。

森林火，风向辨；风力看，火势判；寻生地，避尘烟；平地卧，选无燃；来不及，可避烟；湿毛巾，口鼻掩；低洼地，不可选；坑或洞，积尘烟；躲野兽，防被餐；选逆风，逃路线；若火围，在半山；速下山，忌上山。

航行火，急靠岸；自搁浅，稳定船；往甲板，快疏散；救衣穿，放绳缆；据客观，定条件。

2. 路途在出轨——交通事故（空难、沉船、车祸）

定预案，常演练；熟移转，逃路线。

经常要，排隐患；畅通道，利逃远；伤亡免，损失减。

乘飞机，近口安；靠过道，逃方便；与家人，勿离远；安全带，学解栓；若空难，戴罩面；去利物，头低敛；腿分开，身体蜷；两手抓，双足端；防冲击，减风险；记离口，有多远；逃到口，即便暗。

车遇险，护头面；速蹲下，身体蜷；座椅背，当护板；若倾覆，随车翻；身固坚，座位间；被挤压，拉拽险。

3. 毒气在溜出——毒气泄露

定预案，常演练；熟移转，逃路线。

经常要，排隐患；畅通道，利逃远；伤亡免，损失减。

毒气泄，口鼻掩；戴面具，防毒专；勿恐慌，勿忙乱；泄漏物，比重判；判毒源，风向辨；沿上风，逃路线；远毒源，防飘散；低洼处，滞留险。

4. 射线在暗杀——核辐射

定预案，常演练；熟移转，逃路线。

经常要，排隐患；畅通道，利逃远；伤亡免，损失减。

可疑物，勿拾捡；勿移动，勿开观；标记物，无人管；可能是，放射源；放射线，看不见；设警示，速离远；勿盲目，近危险；立即打，报警电；要监管，勿围观；听广播，了解全；不轻信，传谣言；勿恐慌，勿混乱。

近时内，辐射散；勿迎、顺，风向判；避辐射，躲侧面；躲进屋，暴露限；门窗关，通风关；地下室，隐蔽散；屏蔽物，挡射线；混凝土，铁或铅；戴口罩，口鼻掩；当地人，急移转；有条件，速撤远；少接触，缩时间；减伤害，用稳碘；控通路，进出关；污染衣，尽快换；小心脱，衣外面；彻底洗，净身全；洗头发，洗手、脸；多饮水，促排便。

近日内，积地面；累积量，要避免；有计划，外搬迁；本地物，产、贮限；食和水，买卖限；畜牧业，用储餐；勿裸露，体表面；若体表，有污染；水淋浴，衣特管；彻底洗，衣更换；污染物，防扩散；去污物，减污染；受伤害，勿拖延；速救治，伤病员。

近期内，防随变；若停留，上风安；若出去，等安全；勿前往，重污染；防吸、食，被污染；污染物，勿肚含；放射物，间接染；事发地，去污染；若怀疑，被污染；检测后，可判断。

5. 肉体在泡淹——溺水

腹痛时，速上岸；仰卧状，自疗先；拇指尖，穴位点；压中脘，或上脘；足三里，可替换；热毛巾，腹部摊；离岸远，仰泳般；一只手，腹部按；疼痛减，呼求援。

头痛时，速上岸；大拇指，穴位按；太阳穴，百会伴；列缺穴，都可按；热毛巾，头部摊；喝热水，即好转。

头晕、胀，速上岸；休息好，保温感。

抽筋时，勿慌乱；深吸先，把头潜；入水中，背浮面；两手抓，两足尖；往回拉，可多遍；硬上岸，适其反；指抽筋，紧握拳；用力张，可多遍；必热身，游泳前。

旋涡卷，勿慌乱；使身体，平水面；即加大，着水面；还能保，体力延；顺涡沿，蛙泳般；迅速冲，出涡旋；忌直踩，水中潜。

呛水时，勿慌乱；屏静漂，在水面；把头抬，出水面；调呼吸，平衡添；喉痉挛，命危险。

入淤泥，杂草缠；术熟练，仰浮面；自解绊，两腿展；臂近体，仍浮面；掌划水，原路返；解不脱，呼救援；勿直立，手脚乱；越乱动，越深陷。

大风浪，风向辨；面避浪，侧吸边；入水中，把头潜；浪头过，出水面；这时候，把气换；浪起伏，呼吸喘；相一致，同步换；乘风浪，快向前；速靠岸，脱离险。

遇雷雨，快上岸；安全地，避灾难。

落水时，在乘船；应迅速，救衣穿；发信号，求救援；无他法，才弃船；若弃船，迎风选；臂交叠，在胸前；救生衣，要压按；用双手，口鼻掩；入水中，寻安全。

6. 身体在下陷——陷入沼泽和流沙

沼泽地，黑泥潭；水苔藓，像地毯；似平地，湿松软；湿流沙，沙松散；沙上面，看似干；看似坚，察觉难；一切物，皆吞餐；草不生，迹象险；走上去，身下陷；带棍棒，把路探；试地面，是否坚；地面颤，绕道变；有树长，高地沿。

行走时，双足感；一但觉，身下陷；体后倾，轻轻点；跌下躺，在地面；张双臂，重量散；尽可能，扩大片；身与沙，接触面；使身体，浮表面；勿挣扎，平卧般；借力拉，移动慢；躺朝天，背泳般；轻轻动，手足端；向硬地，移慢慢；勿脱下，斗篷件；有可能，浮力添；有手杖，沙中穿；可插在，体下沿；勿慌乱，移慢嫌；若疲倦，四肢展；静不动，体不陷；每动作，必慎干；让泥沙，有时间；填流到，肢底端；急速移，特危险；只添乱，泥沙间；生空隙，身吸卷；进深处，命更悬；有人援，静躺选；等绳棒，拉脱险；

7. 财物在流失——抢劫

定预案，常演练；经常要，排隐患；伤亡免，损失减。

要镇静，和缓谈；巧周旋，拖时间；免对视，跑侧变；弃财物，人保全。

安全时，快警电。

8. 人身有危险——绑架

定预案，常演练；经常要，排隐患；伤亡免，损失减。

要冷静，勿心乱；保安全，和缓谈；巧周旋，时机选。

脱逃后，快警电。

温馨提示：家庭应急电话

涉及内容	北京	本地
公安报警、地震救援	110	________
火灾事故	119	________
医疗急救、中毒事故	120 或 999	________
交通事故	122	________
燃气事故	96777	________
供水事故、饮水污染	96116	________
供电事故	95598	________
供热服务	62357575	________
邮政服务	11185	________
社区服务	96156	________
便民热线	12345	________
防病咨询	64287788	________
传染病报	64407018	________
动物疫情	62013398	________
消协咨询	96315	________
消费投诉	12315	________
环保举报	12369	________
城管热线	96310	________
天气预报	12121	________
气象灾报	8006101121	________
电话查号	114	________

注：1. 以上信息均来自官方资料，若有变化，请以最新发布的官方信息为准。

2. 请及时在划线处填入本地电话号码，以备不时之需。